人生、挑戦

嫌煙権弁護士の「逆転法廷」

伊佐山芳郎
Yoshio Isayama

花伝社

人生、挑戦——嫌煙権弁護士の「逆転法廷」◆目次

目　次

まえがき

筆者が高校3年の時、呼吸器系の病気に罹り、医師の誤診も重なって、病気の発見が遅くなってしまい、数か月の入院を余儀なくされるという不運に見舞われた。高校卒業時、同級生はみな進学したり、就職が決まり、筆者だけ一人取り残された。人生初めての躓《つまず》きであった。そんな筆者を救ってくれたのは、父の〝ひとこと〟であった。「この程度のことはどうってことはない。人生は長いのだよ」。この父の助言に励まされ、立ち直れた。

しかし、退院後の生活は平坦ではなかった。体力が落ちてしまい、予備校に通うのも大変で、何とか、大学進学が叶ったのは21歳の春であった。父の励ましもあり、精神的に立ち直っていたので、大学3年の頃から、司法試験を目指して勉強した。試験には何度も跳ね返されたが、楽天的な性格もあって、乗り越えることができたと思う。

1976（昭和51）年に弁護士を開業してから約44年になるが、この間の経験を経て、大事にしているいくつかのことがある。一番大事にしていることは「挑戦する姿勢」である。

弁護士になってすぐに担当した東京高等裁判所の強姦致傷被告控訴事件（国選弁護事件）で、東京地裁の有罪判決を全面的に争い、逆転の一部無罪判決を勝ち取った。弁護人として、犯行現場の検証を自らやり直し、警察の実況見分調書の誤りを告発したのが決め手になった（第1部第1章「強姦致傷被告事件の逆転無罪判決」）。

また、勝訴が難しいと言われる行政事件の「業務停止命令取消請求訴訟」では、徹底的に法廷闘争に挑み、全面的に勝訴を勝ち取った（第1部第6章「業務停止命令処分取消請求訴訟——第1次訴訟の全面勝訴から驚きの展開に」）。

次に大切にしているのは、弁護士活動のモットーである「弱者の立場に立つ」という姿勢である。

私の弱者の立場に立つ弁護士としての姿勢は、自分自身が病気に見舞われ、ひとり取り残された青年の時の苦い体験が原点になっている。

筆者は、1984（昭和59）年12月、タイのバンコクで開催された国際消費者機構（IOCU）の国際会議に出席した折、アンワ・ファザール氏（元会長）の次のスピーチに感銘を受けたことを覚えている。

「川の下流域で赤ちゃんが大量に流されている。血反吐を吐いてもがき苦しむ赤ちゃんや、すでに息を引き取った赤ちゃんがあっちにもこっちにも流されている。大勢の人々が赤ちゃんを助けようと懸命である。川上で毒を流している者がいる。これが赤ちゃん大量死の元凶であった。この時、その毒を流している悪い奴に見て見ぬふりをする者がいる。その重大な事態が見えず、川下の赤ちゃんを如何に助けるかこそ問題だと声高に叫んでいる識者がいる。毒をまく奴にとりいって一儲けしようと企む奴もいる」

ファザール氏はメッセージの中で、何をどうすべきかを語っていない。しかし、赤ちゃんの大量死を例示して、消費者被害の元凶と被害の悲惨さや、社会の歪んだ反応や的外れの取り組みなどを想起させ、消費者運動のあるべき方向を出席者に問うているという意味で、非常に深いメッセージであったと受け止めたことを覚えている。

筆者が大事にしているもう一つのモットーは、「社会を良くするために力を注ぐ姿勢」である。

アメリカの欠陥車告発運動で著名なラルフ・ネーダー弁護士は、NGO「パブリック・シチズン」の設立者であり、消費者運動家としても知られている。アメリカの大統領選に出馬した経験もある彼は、当時、市民（シチズン）には、社会を良くするために尽力する〝パブリック・シチズン〟と、自分の幸せだけを考える〝プライベート・シチズン〟の二つのタイプがある、として、「世界中の国々で、〝パブリック・シチズン〟を増やしていこう」との呼びかけをしている。

ネーダー弁護士の呼びかけに賛同して、私も〝パブリック・シチズン〟を増やすべく、非喫煙者の権利の確立を目指して市民運動に力を注いできた。

弁護士活動を始めて2年後の１９７８（昭和53）年4月4日、「嫌煙権確立をめざす法律家の会」を結成した。１９８０（昭和55）年4月7日、国・国鉄（現ＪＲ）・日本専売公社（現日本たばこ産業）を被告とし、当時の国鉄当局には全国のすべての特急列車の半数以上の車両を禁煙車とすること、国と日本専売公社に対しては、行政怠慢による原告らの被害に対する損害の賠償を求めた（嫌煙権訴訟）。この訴訟では、14名の原告団、17名の弁護団を結成し、私は主任弁護士として活動した。

その訴訟経過について、第2部第1章「嫌煙権の原点は人間の尊さ」で紹介させていただいた。

受動喫煙被害は、自己決定権の侵害そのものである。そういう視点で、本書第2部

第2章「受動喫煙は〝虐待〟である」で紹介させていただいた。

最後に、2017(平成29)年から挑戦している「ショパン国際ピアノコンクール in Asia」で3年連続 Bronze Prize(銅賞)を受賞した。ピアノは、子どものころから継続的に続けていたが、趣味のレベルであった。偶々数年前に、ピアニストの高木洋子先生に教えていただく機会を得た。その後、ポーランド出身のピアニストのミハウ・ソブコヴィアク先生の特訓を受ける機会に恵まれた。その経緯についてエッセイで紹介させていただく。

なお、本書における各写真・図表および裁判資料については、必要に応じて適宜省略させていただいた。

第1部

逆転法廷への挑戦

第1章　強姦致傷被告事件の逆転無罪判決

１９７３（昭和48）年９月７日、札幌地裁の福島重雄裁判長が、長沼ナイキ訴訟で、「自衛隊は憲法第９条が禁ずる陸海空軍に該当し違憲である」との画期的な判決をなし、テレビ、新聞などで連日大きく報じられた。筆者はこの年に司法試験に合格し、社会正義の実現のために役に立てる法律家になろうと決意を新たにしていたので、当時、福島裁判官の勇気ある判決に感動した覚えがある。

長沼ナイキ訴訟から３年たった１９７６（昭和51）年４月、弁護士登録をしてすぐに、国選の強姦致傷被告事件の弁護を引き受けることになった。

Ⅰ　弁護人の実況見分調書作成

被告人は、第一審の東京地裁八王子支部で懲役2年6月の実刑判決を受けていた。筆者が拘置所のA君に初めて接見した時のこと。A君は、「自分は女性の意に反する関係は結んでいない」と筆者に懸命に訴えてきた。その際、A君から、警察の「実況見分調書」に書かれていることが、現場の状況と違っていること等、具体的に訴えられた。そこで筆者は、とにかく、犯行現場に行き、被告人のアピールが本当かどうか確認することにした。

警察の実況見分調書には、「犯行現場とされる農道には人家はなく、周囲は暗かった」と書かれていた。ところが現場へ行ってみると、犯行現場とされる農道には、10軒ほど人家が林立しているではないか。しかも、周囲は街灯などもあり明るかった。そこで、弁護人の「実況見分調書」を作成して法廷に提出した。国選弁護事件で、弁護人が自ら現場へ行き、しかも実況見分調書を作成して法廷に提出するなどというのは、恐らくレアケースであろう。

　しかも、その内容は、被告人を有罪とした証拠の現場見取り図が違っているという弁護人の新たな証拠であったので、控訴審の裁判官に対するインパクトはかなり大きかったことが想像される。

　さて、弁護人の実況見分調書を提出した後の第3回目の法廷で、裁判長から筆者に異例の発言がなされた。筆者は、「弁護人判事室へ」と呼びかけられた。判事室へ行くと、裁判長から次のように言われた。

裁判長　あなたは反喫煙の運動に関わっていますか。

筆者　はい。

裁判長　この事件はおおよそわかりましたので、貴方の力をそちらに注いで下さい。

筆者　ありがとうございます。

　法廷で裁判官の心を動かしたのは、犯行の現場の見分を弁護人自らやり直しての、真剣な弁護活動にあったと確信している。

　〝現場主義〟こそ、裁判に取り組む弁護士の基本姿勢でなければならない。理屈で勝とうとしてもダメである。「事実は何か」、これこそが裁判に取り組む弁護士の原点であるとは、司法研修所時代に刑弁教官だった宮原守男弁護士から教えられた教訓である。

Ⅱ　弁護人の控訴趣意書

1　原判決の事実誤認

（1）第一犯行現場の状況

原審の東京地裁八王子支部の認定によれば、第一現場とされる所沢市北野３２４０番地先の桑畑内農道において、「付近には人家もなく深夜で人通りもないことから強いて同女を姦淫しようと決意し（略）同女を姦淫した」となっている。

被告人は、この点をどう弁解しているであろうか。１９７５（昭和50）年６月25日付検面によれば、「そばが広い道路だし、近くに家が沢山建っているので人に見られてもまずいと思ってその場で関係することを断念しました」と言っている。

被害者とされるＢ女の１９７５（昭和50）年３月14日付司法警察員に対する供述調

書によれば、「外は暗く、人家のない茶畑の中で逃げ出しても、私は着物を着ており、すぐに捕まるし、これ以上抵抗しても本当に何をされるかわからないと思い、恐ろしくて抵抗するのを諦めた」となっているのである。

被告人が、「近くに家が沢山建っているので断念した」と言っているのに対して、被害者とされるＢ女は、「人家のない茶畑の中なので抵抗できなかった」と言っているのである。こうなると、現場付近に人家があるのかどうかが、本件犯行の成否の一つの重要な分岐点になる。

司法警察員作成の実況見分調書はどうなっているのであろうか。

第一犯行現場の模様として、現場は丘陵で桑畑となっており、北方は道路東側に雑木林があり、約50メートル離れたところに平家木造建の北見事務所、東側は下り坂となって桑畑下は沢となり、付近には欅及び雑木の林となって山に続いている。南方も同様に桑畑を経て雑木林となっている。西側は、本通りに至る間桑畑となっている。本通りから約60メートル農道に入った地点で、農道東側路方に茶の木が植えられて桑畑と農道が区切られている。茶の木の高さは１メートル乃至１・２メートル、農道の幅員は約２・５メートルで、東側沢に通ずる小道路の分岐点手前でなだらかな下り坂となっている。

まさに、人家がないという、被害者とされるB女の言い分そのままの実況見分調書となっている。

かくて、本件強姦の客観的状況が作り出され、原審は「付近には人家もなく深夜で人通りもないことから、強いて同女を姦淫しようと決意し、（略）同女を姦淫」したと認定することになったと考えられる。

（2）現場付近には人家がある

当弁護人が、１９７６（昭和51）年6月17日、第一現場の実地検証をしたところによると、車の停止地点を基点として、南方すぐ近くに建物が10軒近く建っている。

ところが、先に見たように、実況見分調書では「南方も同様に桑畑を経て雑木林となっている」と書かれている。そしてこの調書に添付されている現場見取図には、北方に北見事務所が記載されているだけで現場の近くにある南方の数軒の人家は影も形も見えない。このことは何を意味するのか。

実況見分の作成者が、現場近くに人家があってはまずいと考えて、意識的に削除したのではないのか。当弁護人は、作成者のX巡査部長を証人申請する予定である。

以上、動かすことのできない客観的事実が、被害者の訴え及び実況見分調書と相違して、被告人の供述と一致しているということは、到底軽視することのできないものであり、本件事実認定に重大な影響を及ぼすことは必至である。そこで、当裁判所におかれては、是非とも現場検証をしていただきたい。事実に関する証拠は記録の外にあるということに、あらためて思いを致してほしい。原審の事実誤認は、この点への洞察を欠き、安易に実況見分調書に依拠し、被害者とされるＢ女の言い分を軽信したことに原因があると言わなければならない。

Ⅲ　弁護人の最終弁論要旨

弁護人は、先に提出した控訴趣意において、本件被告事件の原判決に対するいくつかの疑問点を提起して、原判決には事実誤認の疑いがあると指摘致しました。そして当公判廷において、いくつかの新しい証拠を提出するとともに、被害者Ｂ女を証人として調べることができました。その結果、弁護人が提起した疑問点は解明されたでありましょうか。答えは否であります。反対に当公判廷におけるＢ女の証言から、数々の矛盾点、疑問点が現出し、被告人が原審以来主張しているいくつかの事実が、客観的にも正しいことが明らかとなりました。

1　被害者Ｂ女の矛盾した証言の数々

「1メートル10センチの巾ですと、私の実験だとほとんど寝られませんね」という弁護人の問いに答えて、Ｂ女は、当公判廷において、

「それは、弁護士さんがいろいろなことをご存知ないからだと思います」

と証言し、いかにも、特別な体位であったから狭い車内でも関係が可能だったことを思わせる証言をしております。ところが、後で「後部座席の時の被告人の姿勢はどうでしたか」と弁護人が尋問すると、

「上に乗った格好で特別な体位ではなかったと思います」

と証言しております。

１９７５（昭和50）年6月23日付検面（記録１１７丁）によれば、Ｂ女は、「終わった後、私は車の外へ出て身づくろいをして、たばこを吸いました」と供述してお

ります。ところが、当公判廷においては
「車の外ではなくて、身づくろいをして前の席でタバコをのんだと思います」

と証言し、検面調書の供述をひるがえしました。逃げるチャンスをうかがっていた被害者Ｂ女が、強姦された後、車の外でタバコを吸ったという供述は、いかにもまずいということに気づいての供述変更ではなかったかと思われます。

当公判廷において、裁判長が「食事は誰が頼んだのですか」と質問したのに対し、Ｂ女は、

「被告人から頼んでくれと言われたと思いますけれど……。私がすすんで食事をとったわけではありません」

と証言しております。

ところが、弁護人が「モーテルで食事を二人前頼んだということですが、被告人はビールとあなたの食事一人前を頼んだらどうかと言ったというんですがどうですか。そしたら二人前の食事を運んで来たので、どうして二人前頼んだんだということを言ったというんですが」と問い正したのに対し、Ｂ女は、

「そういうことはあったと思います」

と証言し、この時のやりとりについては、被告人の言い分を認めたのであります。

２　Ｂ女の証言の疑問点

本件事件後、Ｂ女は被告人の実家に電話したことを認めた後、弁護人が「何のために電話したのか」と問うたのに対し、

「最初どういう理由で電話したのか覚えていません……」

と証言しております。しかし、電話した本人が何のために電話したのかわからないなどということがあるでしょうか。

しかし、本件事件後、Ｂ女が被告人の実家へ電話したことを認めた点は重大であります。この点は、既に被告人が一人そういう事実のあったことを主張しているにもかかわらず、原審においてはまったく取り上げられていなかった事実であります。

当公判廷において、弁護人が「被告人にひどい目にあわされて、どうして二人前の食事を頼んだんですか」と質問したのに対し、Ｂ女は、

「こういう事件の後で一緒に食事をすると事件が成り立たないということをよく聞きますけど、二人前の食事を頼んだのも、後のいろいろなことのために必要じゃなかっ

たのかと思ったんですが」

　と証言しました。

「後のいろいろなことのために必要じゃなかったのか」というのは、一体何を言わんとしているのでしょうか。それにしても、この部分の証言は、明らかに事件をデッチ上げるための作為的意図を思わず口走ったものと当弁護人は思料致します。

3　B女の証言によって新たに明らかになった点

（1）3月9日夜、静岡の被告人からB女に対して、明日の夜会いたいという電話をしたこと
（2）モーテルの最後の部屋では抵抗していないこと
（3）B女の後を追いかけていた人（男）がいること
（4）本件事件後、B女が被告人の実家へ電話していること
以上の事実は、いずれも被告人が一人主張していたことでありますが、当公判廷になって初めてB女の証言によって明らかとなったのであります。

４　本件被告事件の成否

以上検討してきたように、これまで被告人が一人主張してきたことのいくつかが、この法廷において、Ｂ女自身の証言によって認められることとなりました。また、Ｂ女と被告人との対立点のいくつかにおいて、Ｂ女の主張の矛盾点、疑問点が沢山出てまいりました。したがってＢ女の供述調書を証拠にあげて本件被告人を有罪にした原判決には重大な疑問があると言わざるを得ません。そこで、本件被告事件の成否について、さらに重点的に具体的に検討してみたいと思います。

５　現場状況に関する認定

原審の認定するところによれば、第一現場とされる所沢市北野３２４０番地先の桑畑内農道の「付近には人家もなく深夜で人通りもないことから強いて同女を姦淫しようと決意し（略）同女を姦淫した」となっております。

原審のこのような認定は、被害者の反抗を著しく困難にするための前提としての現場認識であることは言うまでもありません。そしてこの現場状況の認定の根拠となっているのが、被害者Ｂ女の供述調書および司法警察員作成の実況見分調書であることもまた明らかであります。

ちなみに、当公判廷に於いて、B女は、「モーテルに行ったのは、桑畑のところには人家も見当りませんから帰る方法もないので、とにかくどこかへ行って帰るようにしなければならないと思ったのです」とか、「灯りひとつ見えませんでした」と証言して、司法警察員および検察官に対する供述を基本的に維持しております。

6　弁護人作成の現場見取図及び写真

ところで当弁護人作成にかかる実況見分調書添付の現場見取図および写真によれば、現場地点から約60メートル北方に北見製作所があるほか、南方には数軒の人家が存在しております。さらに西側大通りには街灯が４柱立っており、なかでもⓓ地点の街灯は、その近くの看板に反射してひときわめだってまばゆいばかりの光を放っているのであります。これは夜間における当弁護人自身の検証によるものであります。

つまり第一現場とされる北野の農道付近の現場の状況は、司法警察員作成の実況見分調書ではほとんど現場の状況を伝えておらず、また、被害者B女の供述および証言はまったく事実に反することが明らかとなりました。したがって原判決のこの現場状況に対する認識の誤りは、軽視することは許されないと考えます。なぜならば、現場付近に人家が存在するか否かは、被害者が助けを求められるか否か、言い換えれば抵抗することができるか否かに関わってくるからであります。

7　姦淫行為について——自動車内の状況

さて、原判決によれば、被告人は、B女をこの第一現場の農道の車の中の助手席および後部座席でそれぞれ1回、計2回姦淫したと認定しているのでありますが、この点は被告人と被害者の言い分がまったく対立しているところであります。ちなみに、被告人は本件車両のサニークーペの内部は狭くて、相手の協力がなければ情交関係をもつことは無理であると主張して譲らず、また、所有者のY氏も被告人と同旨のことを司法警察員に対して供述しておるのであります。そしてこの点についての争いは、本法廷においても対立したままであります。当弁護人は真実の発見のためにこの車の検証を申請したのですが、これが認められなかったのは残念であります。ともあれ原審が挙示している証拠では、強姦の事実を認定するための間接証拠とすることはできないと言わなければなりません。少なくとも積極的方向に心証形成するためには、合理的疑いが残っていると当弁護人は考えるのであります。

結局原判決の認定は、被害者の方が本当のことを言っているらしいという程度の域を出ないものであって、これでは被告人の納得ができないのは当然であります。結局、疑問は疑問のまま残っているということを、あらためてここに指摘しておきたいと思います。

8　モーテル内の姦淫行為

さて、原判決によれば、次に第二現場とされるモーテル「芽生え」において、被告人は五番の部屋で1回、三番の部屋で2回姦淫したことを認定したうえで、五番の部屋の情交関係は無罪とし、三番の部屋での関係につき強姦致傷を認定しているのであります。

ところでB女は、当法廷において、

「そういう商売のモーテルに行って助けを求めても痴話喧嘩くらいにしか思われないでしょうし、女の人で頼りなかったので助けを求めなかったのです」

と証言しております。この証言を、仮に被害者サイドに立って聞くと、恐らく何の疑問も起こり得ないでありましょうが、社会一般通常人の感覚では到底理解できない類の証言だと言わざるを得ません。そういう商売のモーテルに行って助けを求めても痴話喧嘩くらいにしか思わないでしょうという思考は、この種の経験をもったことを思わせるプロの発想ではないでしょうか。当公判廷におけるＢ女が、いかにもプロの女性らしく時々不敵な笑みさえ浮かべて証言していた態度が、当弁護人には強く印象に残っているのであります。

ところで、当公判廷における、弁護人の「その時Ｂ女さんは素直について来たのか」との問いに対して、被告人は、「自分が先に入り、後からＢ女がゆかたとポットを受け取って入って来たように記憶しています」と供述しております。

これが事実とすれば、Ｂ女は、任意にモーテルに同行し、自分から部屋に入っていることが強く推定されるのであります。

もっとも、この問答の際に、裁判長から、「そんなバカげた話があるか。今どきそんなサービスの悪い旅館があるか」という御発言があったのでありますが、モーテルというのは、普通の旅館とは違って、いわゆる連れ込み宿であって、サービスの悪いのが通り相場となっているのであります。

また、個々のケースとして、例えばモーテルの人が部屋の入口の所までゆかたとポットを持って来て、その入口のところでお客がそれらを受け取るという図は、経験則上十分ありうることであって、それをバカげた話と決めつけるのは、被告人がウソを言っているのではないかとの予断に基づいておられるからではないでしょうか。

もっともこれらの点は、Ｋ証人をお調べいただければ、判明したことでありまして、Ｙの協力が得られなかったことを大変残念に思います。

Ｂ女がモーテルへ任意に同行しているか否かは、まさに本件のポイントになるところでありまして、Ｙの証言が得られなかった今、結局それはいずれも認定できないというのが正しい心証形成のあり方と考えます。言い換えれば「Ｂ女が被告人から強制的にモーテルに連れ込まれた」と認定することはできないと言わざるを得ません。

９　逃走のチャンスに体を洗っていた

さて、当弁護人が先に提出した控訴趣意の中でも指摘しておいたところですが、Ｂ女は、五番の部屋で被告人が眠った時、風呂場に行って身体を洗って管理人室へ行っております。Ｂ女の司法警察員に対する供述をもってすれば、第一現場の農道の時から逃げるチャンスを狙っていたわけですが、そのチャンスが到来すると、風呂場へ行って身体を洗ったというのであります。

当公判廷において、弁護人からこの点を質問されたＢ女は、「音がして目を覚ましたら逃げることはできませんから、そのためにも試してみる必要があったんですね」と証言しております。

裁判所は、この証言を何の疑いもなく信用されますでしょうか。当弁護人の分析によれば、この証言は、いかにも辻褄を合わせるためにあらかじめ用意された答えと思われるのでありまして、内容的にも、一般通常人の感覚では到底理解できないところであります。

以上詳細に検討してきたように、Ｂ女の司法警察員および検察官に対する供述ならびに当公判廷における証言には矛盾したところや疑問点が数多く存在し、到底信用するに値するものとはいえないと考えます。

それにひきかえ、一人事実無根を主張して争ってきた被告人の主張で、Ｂ女の供述調書ではまったく触れられていなかった新しいいくつかの事実が、当弁護人提出の証拠およびＢ女自身の本法廷における証言から、被告人の供述通りであることが明らかとなりました。

それにもかかわらず、被告人をこのまま有罪とするというのなら、どうか弁護人の提起した数々の疑問点に真正面から答えていただきたいと考えます。

10　おわりに

１９７５（昭和50）年５月20日、最高裁判所第一小法廷は、いわゆる白鳥事件再審請求に関する特別抗告事件に於いて、再審請求に対する審判手続にも「疑わしい時は被告人の利益に」という原則の適用を認めました。

本件被告事件は、言うまでもなく控訴審の手続きでありまして、疑わしい時は被告人の利益に、の原則が適用されなければならないのは当然のことであります。しかし、遺憾ながら、多くの裁判では、疑わしい時は被告人の不利益に認定されているという認識が在野の常識になっております。当審におかれては、どうか憲法および刑事訴訟法の原則に則った判決を賜わりたいのであります。

願わくば、被告人の供述とＢ女の供述および証言を比較検討され、Ｂ女の証言の内容とされていることが一般通常人が経験していることや知識から見て不自然、不合理であることを見抜かれ、無実の者には無罪の判決を下されんことを願うものであります。

Ⅳ　逆転判決

「原判決を破棄する」との判決の後、被告人の一部無罪が宣告された。

この時の高裁の裁判長は、今は亡き谷口正孝裁判官であった。谷口裁判官は、筆者を判事室に呼んで、事件とは無関係の、筆者の反喫煙の社会活動を励ましてくださった。そのこと自体、異例であったと思われる。今から40年以上も前の、筆者が弁護士になりたての頃の出来事であった。

記憶に残っているのは、この事件にかけた日時は、11か月間だったこと、いただいた国選弁護料は、6万9000円であったことである。文字通り、社会正義のための弁護活動そのものであった。この事件に、精魂を込めて取り組む若い弁護士の活動に、裁判官が理解を示してくださったと受け止めている。

刑事弁護といえば、無罪を勝ち取ることは非常に困難で、弁護士活動の中で、１件の無罪判決を勝ち取れればよい、と言われるくらい大変であった。そのように考えると、弁護士になりたての若い弁護士が、最初に担当した強姦致傷被告事件で一部無罪判決を勝ち取れたことは、その後の弁護士活動の上で、どれほど励みになったか知れない。

谷口裁判官が、わざわざ筆者の反喫煙の運動に言及されたのは、社会をよくする運動に懸命に力を注いでいた新米の若い弁護士の筆者を、「その調子で、頑張りなさいよ」と励ましてくださったのだと理解している。

第2章　ピアノ演奏の差し止め裁判
――ピアニストの運命

本件は、アマチュア作編曲家と自称する方が、プロのピアニストに対し、自身の編曲した楽譜の一部を勝手に使用して、著名な作曲家の古典楽器の「原曲」をピアノ演奏したといい、その編曲のピアノ演奏を止めよと要求し、慰謝料等相当額を支払えと訴訟を起こしてきた事件である。

法廷の場にまで問題をエスカレートされたピアニストは、全面的に反論すると同時に、不当訴訟であるとして、逆に相当額の支払いを求める反訴を提起した。

アマチュアがプロのピアニストを訴えるということ自体前代未聞であった。結果次第では、芸術が大きく歪められる恐れがあるだけでなく、国際的に活躍するピアニストの、諸外国と日本との間の、芸術を通しての国際交流に水を差すことにもなりかねない。ピアニストという個人の立場だけでなく、芸術全体という社会的視点をも見据えて、原告の不当な主張に全面的に反撃することにしたものである。

Ⅰ　争点

この著作権訴訟の争点は、原曲に対するピアニスト自身の編曲によるピアノ演奏が、原告の本件原曲に対する「編曲」の譜面と類似しているか否かにあった。

問題の古典楽器の原曲は、既に著作権法の保護外となっていた事案であった。従って、原曲に対する編曲は、すべての者の自由であるので、ピアニストの原曲に対する編曲も、原告の編曲も、法的に何の制約も受けないものであり、原曲の作曲者による著作権法第27条の編曲権侵害は問題とならないケースであった。

よって本件では、ピアニスト自身の編曲による演奏が、原告の「編曲」の譜面と類似していないことを、原告の主張に自家撞着があるとの指摘を積み重ねつつ、厳しく反論していった。

ピアニストの反撃により、法廷の攻守は完全に逆転した。

Ⅱ　体感編曲

本件に特徴的なことは、原告のピアニストは編曲専用の譜面を作成しておらず、ピアノ演奏によってのみ表現していたのである。

ピアニストは、本件原曲からの編曲の場合、古典楽器譜から、直接ピアノを演奏しながらインスピレーション豊かに試行錯誤のうえ、私的な記憶である「体感編曲」によって、創作を完成させるという独自の方法をとる。

編曲専用の譜面をあらかじめ作成する方法では、ピアニストが独自の価値を追求する「聴衆の反応と呼応しつつ古典楽器という楽器の特徴を活かしたピアノ演奏」にとって足かせとなってしまう。古典楽譜の音を瞬間の判断で増加しつつ、どの音を強く弾くか、それぞれの音をどの長さで弾くかの音色を創作することによって譜面に眠っていた音に命を与え、豊かな音楽を創造する芸術においては、そのような細やかな差異は記譜しようにもできず体感で編曲するより他に方法がないというのがピアニストの考えであった。

実際、ピアニストは過去にも、本件原曲以外の他の古典楽器の原曲の編曲もしていたが、この時も、古典楽曲の譜面にアイデアや気づいた点を断片的にメモ入れする以外には、一音一音を書き写して譜面化することはしていなかった。

ピアニストは、古典楽器の譜面を見ながら演奏しているのであるから、例えば「ソ」の音を上げたり、下げたり、オクターブにしたりした場合、耳で聴いて、より自分の感覚に合った選択をしているのであり、それが一般の作編曲法に則っているかどうかなどはまったく関係がないのである。作曲の規則などに縛られることなく、自由かつ創造的に演奏しているのである。

本件についても、ピアノ演奏と一体的に私的な記憶として体感編曲を完成させており、完成版の譜面は存在しなかった。これが、ピアニストの本件編曲によるピアノ演奏が、高い創作性を支える編曲方法であることを如実に物語っている。

クラシック音楽のピアノ演奏の聴衆は、「原曲が好き」とか「演奏が好き」などの理由によってコンサートに来場すると思われ、「編曲が好きだから」という動機は想像しにくい。言い換えれば、通常、人は原曲の旋律に酔いしれたり、実演の音色の妙技に感動したりして音楽を楽しむであろう。

そもそも、実演において編曲の差異を正確に感得することは難しいのではないか。例えば、本件の原曲を想定する場合、ピアノ曲の性質上、原告の実演からもピアニストの演奏からも、原曲を取り除いた音楽が存在できないのである。つまり、ともに同じ原曲からの実演の「編曲」相互の類似性、相違性を、聴音の訓練を受けていない通常人が容易に感得できるとは考えられないのであった。

そういう意味では、本件ケースは、ある譜面を改変して別の譜面を作成するなどというケースではまったくなかった。従って、両者の編曲の比較を言うのであれば、ピアニストに譜面がない以上、原告とピアニストのそれぞれの実演によるか、あるいは原告の編曲の譜面とピアニストの実演のピアノ演奏との比較以外に方法はないという特異なケースであった。

Ⅲ　アイデアの活用は著作権侵害にならない

原告は自身の譜面の特徴として、①原曲にないイントロ（前奏）をつけ加えたこと、②原曲の和音を変更したこと、③対位法的手法を用いていること、④調性感を明確化した部分があること、の四つを掲げた。しかし、これらは、いずれもアイデアや編曲技法であり、原告に特有のものではまったくなく、既にピアニストがいずれもそれらを使用し実演し公表してきていた。そもそも、それら技法は、従前、作曲あるいは編曲において、枚挙に暇がないほどいくらでも例がある。

１　アイデアについての最高裁の判示

最高裁判所は、「江差追分事件」において、２００１（平成13）年６月28日、次のように判示している。

「言語の著作物の翻案（著作権法27条）とは、既存の著作物に依拠し、かつ、その表現上の本質的な特徴の同一性を維持しつつ、具体的表現に修正、増減、変更等を加えて、新たに思想又は感情を創作的に表現することにより、これに接する者が既存の著作物の表現上の本質的な特徴を直接感得することのできる別の著作物を創作する行為をいう」

「著作権法は、思想又は感情の創作的な表現を保護するものであるから（同法２条１

項1号）既存の著作物に依拠して創作された著作物が、思想、感情若しくはアイデア、事実若しくは事件など表現それ自体でない場合または表現上の創作性がない部分において、既存の著作物と同一性を有するにすぎない場合は、翻案には当たらないと解するのが相当である」

言語と音楽は著作権法の構成を一にするので、編曲についてもこの考えを踏襲すると、本件におけるピアニストの行為は、単に〝アイデアの活用〟に過ぎないから、最高裁の先例の判断からも著作権法の対象とならないことは明らかである。

２　東京高等裁判所の「判断基準」（「記念樹事件」についての判決）

「記念樹事件」の東京高裁（平成12年（ネ）第１５１６号、『判例時報』１７９４号、3頁）の判断基準によって検証する。

本件は、冒頭に確認したように、「記念樹事件」の東京高裁の事例とは、著作権の構造が異なるが、そこで示されている判断基準は、先例として参考になる。

「記念樹事件」で、東京高裁は、「旋律」が相対的に重視されるべき要素として主要な地位を占めるという判断基準を設定し、その基準を前提として先例事件の両曲の旋律を、以下の手順で比較検討する、として次の５項目を掲げる。

（１）両曲の旋律の対応関係
（２）数量的分析
（３）起承転結の構成の類似性
（４）両曲の旋律の相違部分
（５）旋律全体としての考察

本件訴訟において、原告は、自身の「編曲」の旋律に関して、ピアニストの編曲によるピアノ演奏が、原告の編曲の旋律と類似しているという主張ではなく、分解した音のいくつかが共通するなどというのであるから、東京高裁が示した判断基準からいえば、まったく失当であることは明らかであった。

さて、原告が自己の編曲の特徴として挙げた項目のうちの「イントロ」は、作曲あるいは編曲において一般的に使われる方法である。

一般的に編曲する場合、「イントロ」をつけることは特別のことではなく、編曲の場合の一般にとられる技法であるから、それは原告の特殊技能といえるものでないことは明らかである。ちなみに、編曲において「イントロ」が使われる例は枚挙に暇がないほど沢山ある。仮に原告の主張の立場に立つとすると、本件の原告の「編曲」において「イントロ」をつけたこと自体、原告の編曲が沢山の先例に反してしまうということになるので、原告の主張は自家撞着に陥るはずである。

ちなみに、ピアニストによる編曲の冒頭部分は、曲の構成に従って、盛り上がるように音の高低を変化させたものである。

原告は「対位法的な手法」と類似した「エコー的手法」をピアニストが使用したなどと主張した。

もともと原曲のある楽章には、同じフレーズを二度繰り返すという「エコー的」な特徴が存在している。裁判所には、原曲の編曲演奏で、この「エコー的手法」を使ってなぜ悪いのであろうか、という初歩的疑問を提起した。

「エコー的手法」あるいは「対位法的手法」は、音楽における極めて普通の手法であって、このような一般的に使われる手法に過ぎないから、原告が独自の創作のものというのであれば、それは原告の独自の議論といわざるをえない。

Ⅳ　音楽の要素

そもそも、音楽の要素は、①「旋律」（音の高低・長短の変化の連続した流れ）、②「和声」（ハーモニー、高さが違う音を同時にいくつか出して音楽的効果を生む現象）、③「リズム」（音の強弱などの、周期的な繰り返しによって表わされる秩序）であるが、旋律を有する通常の楽曲に関して主要な地位を占めるのは「旋律」である。

東京高裁は、「記念樹事件」において、「楽曲の本質的な特徴を基礎付ける要素は多様なものであって、その同一性の判断手法を一律に論ずることはできない……にせよ、少なくとも旋律を有する通常の楽曲に関する限り、著作権法上の「編曲」の成否の判断において、相対的に重視されるべき要素として主要な地位を占めるのは、旋律であると解するのが相当である」（「記念樹事件」一審・東京地判平成12・２・18、控訴審・東京高判平成14・９・６）とした。最高裁は、２００３（平成15）年３月11日に上告棄却・上告不受理の決定をした。

V　独自の論法

ところが、原告は、和声の中から音の断片を抽出し、かつ瞬間的な音の一致の有無を論じ、それを類似性の根拠とするという独自の論法を展開した。これは例えば、「ドミソ」と「ドファラ」の和声は通常人には別の音として聞こえるが、右記の二つの和声から「ド」の断片を取り出し、「ドが共通しているので、ドファラはドミソと類似している」などと言えば、誠におかしいことは誰にでもわかろうというものである。

仮に和声の中から和声の断片を取り出したり音符の断片を取り出したりして、それが別の楽曲と「類似している」というような論法が通るとすれば、次のような不都合が生じる。すなわち、すべての音を記載した楽譜を先んじて作った者が、以後の国内外のすべての作曲や編曲に対し、音が共通しているとして、「類似性がある」などという主張ができることになってしまう。従って、和声や旋律の断片の取り出しは無意味であることは明らかである。

このように、原告の主張は、音楽における単音に対する権利主張につながり、人類共通の財産としての音楽の音の普遍性に反するものであった。

最終段階で、専門委員が登場し、原告の編曲とピアニストの編曲による演奏には類似性があるとは言えない、という意見が提示された。原告とピアニストの、それぞれの実演も耳にされての意見であった。

結末はどうなったであろうか。

ピアニストの演奏は、これまで通り影響を受けず、ピアニストの反訴請求によって、原告がピアニストに大きく譲歩するという逆転内容で終了した。

最終日、ピアニストと代理人の筆者が控室に待機していた時に、裁判官が控室にお見えになり、「今後もご活躍下さい」と励ましの言葉をいただいた。

法廷での論争は論争として、裁判官が心にかけて下さっていたことがわかった瞬間で、非常に感動した場面であった。自然と「ありがとうございます」とお応えした。

著作権訴訟の法廷のドラマチックな終焉となった。

第3章　初心者に追突された準指導員スキーヤーの大逆転勝利

本件は、スキー事故による損害賠償請求事件である。スキー技術「上級者」の上の「エキスパート」の、さらに上の「準指導員」の資格を持ち、スキー指導に携わっているプロ級の方が、スキー場で初心者から激突され重傷を負ったケースであった。

法廷では、被告の初心者が逃げの一手で、プロ級の指導者が初心者に激突して勝手に怪我をした、というような反論をしてきた。さあ、どうするか。

激論の末、結審直前の法廷で、裁判長が被告代理人を退廷させ、原告代理人の筆者に対し、次のような和解の提案をされた。

裁判長　被告が原告に対して、金20万円の支払いをするという和解は如何ですか。

筆者　裁判長、その金額では、弁護士費用にもならないので、とても受けられません。

裁判長　そうですか。それでは、結審・判決という方向になりますか。

筆者　その方向はやむを得ないと思います。原告は最終準備書面を提出させていただきます。

このような法廷でのやりとりがなされ、原告代理人の筆者が、次回口頭弁論期日に最終準備書面を提出した（前橋地方裁判所　平成３年（ワ）第３６６号）。

Ｉ　はじめに

本件スキー事故において原告が被告に衝突したとの被告の主張は事実に反するのみならず、被告の主張は、経験則上及び論理上著しく矛盾する。当法廷に明らかになった証拠を中心に以下にその理由を詳述する。

Ⅱ　被告がゲレンデの状況として主張していること

第一に、「ゲレンデに吹雪が吹き荒れていた」との主張は事実に反する。すなわち、甲3号証の1乃至3の写真は本件現場の事故直前のものであるが、これによれば、雪はまばらに降ってはいるが、「吹雪が吹き荒れていた」などというひどい状況ではなかったことは一目瞭然である。

第二に、事故当時「視界が極めて悪い状況にあった」という主張も事実に反する。同様に甲3号証の1乃至3の写真によれば、かなり遠方まで見通せるのであり、原告主張の通り、「視界はむしろかなり良かった」ことが明らかである。

これらの点につき原告代理人から問われた被告は、しどろもどろになり「……まあ、この写真ではそうなりますけれどもね」としぶしぶ認めざるを得なかったのである。

第三に、「他のスキー客を確認することが困難だった」という被告の主張も同様に甲3号証の1乃至3の写真から事実に反することが明らかである。

偶々原告の関係者が本件事故直前のゲレンデの写真を撮っていたので、被告主張の前記事実が現場の状況に著しく反していることが明らかになったが、仮にこれらの写真がなければ、被告の偽りの主張がそのまま通ってしまったのではないか。この事実は軽く見られるべきではあるまい。

Ⅲ　衝突の状況について

被告は次のように主張した。すなわち、「突然に被告の右肩の後部付近に衝撃を受け転倒したが、それは原告が被告の右後方から被告に衝突したからである」と述べた後、「これによって被告は谷側に突き飛ばされるように転倒したが、原告は山側に倒れた」といい、「その後、原・被告は互いに一人で起き上がり、原告は衝突したことを被告に詫びた後、しばらく自分で滑走した」と言うのであった。これらの被告の主張は、いずれもデッチ上げであり、ことさらに事実をアベコベにして、責任逃れを計っているものであって、誠に許しがたい。被告の主張は矛盾に満ち満ちており、合理的疑いがあると言わなければならない。次にその理由を詳述する。

第一に、被告の主張によれば、原告と被告の両者とも転倒したと言う。原告が転倒したことは争いがないが、被告が転倒したというのはウソである。この点については、当事者間では双方の言い分が食い違ったままであるが、どちらが正しいかは証人尋問によって明らかになるはずである。

第二に、原告が転倒した後、「一人で起き上がり」というのは、まったく事実無根である。原告は、本件事故の結果「左膝十字靭帯と左膝内側側副靭帯を断裂する重傷を負った」（甲7号証）まま、現場で動けなくなっていたのであり、友人から左足のスキーをはずしてもらい、さらに体を支えてもらって右足一本の片足で立ち、しばらく片足で滑走したのである。この点についても、被告は当法廷において原告代理人の質問に対し、前言をひるがえし、原告が一人で起き上がったのではないことを認めるに至った。そのやり取りは次の通りである。

原告代理人　あなたの準備書面でのご主張によると、あなたも原告も両方倒れて、お互いに一人で起き上がりというふうに主張されているんですけれども、これは事実と違うんですね。

被告　と言いますと。

原告代理人　これはだって、原告はその場に倒れたきりだから、しばらくは。

被告　まあ、助けを借りて立つくらいは。言われて見ればそうだったと思います。

結局、被告が準備書面で主張していた「原告が一人で起き上がった」との主張を法廷で事実上撤回したのである。

第三に、「原告は衝突したことを被告に詫びた」との点は、まったくのデッチ上げであることが、被告自らの当法廷における供述により明らかとなった。

被告は、当法廷において、当初被告代理人の質問に対し、原告が被告に対し「すいません、大丈夫ですか」と言い、被告も原告に対し、「すいません、大丈夫ですかと聞きました」と供述した。この被告の供述自体、被告の準備書面での主張の「原告は衝突したことを被告に詫びた」という主張とは大分ニュアンスが違う。

ところで、原告代理人と被告との法廷でのやりとりの結果、被告の従前の主張していることとは、全然違う事情が明らかとなった。

原告代理人　病院に行く前に原告の方からあなたに、ぶつかるなとは言わないけれども、そのときは声をかけてくれよと、そうすれば自分のほうだってよけられるじゃないかという話をして、そういう話が出たことはないですか。

被告　ああ、それは言われてみればあったかも。

原告代理人　あなたはそのときに、すいませんというふうな言葉があったと思うんですけれども。

被告　ああ、多分言ったと思います。

すなわち、原告が主張していた通りの言葉のやりとりが、原告と被告との間でなされていることを、被告自身当法廷で認めている。ここで、被告の準備書面での主張は、「原告は衝突したことを被告に詫びた」と主張していたことは今述べた通りである。ところが実際は、原告が被告に詫びたのではなく、被告が原告に詫びていることを被告自身が認めたのであった。

さて、問題はこの後である。原告代理人と被告のやりとりを見てみよう。

原告代理人　原告から、あなたがぶつかってくるときは声をかけてくれよというようなことを言われたことを、あなたは思い出されたようなんですけれども、じゃあ、あなたの法廷でのこの裁判のご主張からすると、そのときに、随分おかしいことを言うな、逆のことを言うなと思わなかったですか。

被告　思いました、確かに。思いましたけれども、なにしろ向こうは大けがしていらっしゃいますから、こちらがその場で、そっちがぶつかってきたんじゃないかと、そう言ってもしょうがないし。

この被告の答えを聞いて、常識を持った普通の市民であれば10人が10人首を傾げるのではなかろうか。なぜか。まず、自分が相手にぶつかったのではなく、相手からぶつけられたのが本当であれば、相手方から「あなたがぶつかってくるときは声をかけてくれよ」と言われた場合、それは言いがかりをつけられているのであって、断じて認められないはずである。したがって、「否、私がぶつかったのではありません。あなたが私にぶつかってきたのですよ」と言うはずである。これは、ごく普通の人間の常識であろう。社会生活上の経験則と言ってもよい。事実と異なることを言われて、何の反論もしないということは、普通の人間の感覚を前提とする限り、まずありえないことと言うべきである。

しかし、ここではあえて、百歩譲って、そういうことがありえるとしよう。被告の当法廷における供述によれば、これに対し被告が原告に「すいません」と謝ったことさえも認めているのである。ここでのやりとりは、被告が当法廷で当初「すいません、大丈夫ですか」とお互いに言ったというのとは、まったく事情が異なるのである。すなわち、「あなたがぶつかってくるときは声をかけてくれよ」と言われ、これに応えて、被告が原告に「すいません」と謝ったのである。

原告がどんなに怪我をしていようとも、被告が主張するように、原告が被告にぶつかってきたというのであれば、原告から「あなたがぶつかってくるときは声をかけてくれよ」と言われて、「すいません」と謝ることは、恐らく１００％ありえないと言っても過言ではあるまい。仮に万に一つ、そのようなことが想定される場合があるとすれば、例えば相手方から暴力的に反抗を抑圧されたような、ごく限られた場合に限定されると言わなければならない。「なにしろ向こうは大けがしていらっしゃいますから、こちらがその場で、そっちがぶつかってきたんじゃないかと、そう言ってもしょうがないし」という被告の弁明は、どんなに善意に理解するとしても、「すいません」と謝ることとの理由付としては、まったく説得力を欠くと言わざるを得ない。しかも、よく考えて見ると、被告の弁明自体も誠におかしいことに気付くのである。すなわち、「なにしろ向こうは大けがしていらっしゃいますから」という言葉に注目されたい。原告は、確かに現場に倒れたが、「大けが」かどうかは、実は、その事故の時点では原告自身にもわからなかったことである。左膝十字靭帯と左膝内側側副靭帯を断裂する重傷を負ったことがわかったのは、本件事故後、田中農協病院に入院して精密検査をして初めてわかったことなのである。つまり、原告が大けがをしたという事実は、原告にも被告にも後でわかったことなのである。第一、被告自身、準備書面では、事故後、原告も一人で起き上がった（大けがでないことを前提としている？）と主張していたではないか（そのことか事実に反していることについては前述した通りである）。つまり被告は、その場その場で適当に弁解しているので、その主張をよく吟味してみると、次から次に破綻し、支離滅裂である。このような矛盾だらけで、いい加減な供述に信用性があるであろうか。

要するに被告の言い分は、文字通り「ためにする弁解」以外の何ものでもない。このように見え透いた「ためにする弁解」が社会的に通用するとすれば、社会に不正義がはびこり、世の中は真っ暗になってしまうのではあるまいか。

Ⅳ　力学的エネルギーの原則と被告の主張の矛盾

物理学的に、「運動の法則」と「運動量保存の法則」を使って、力学的エネルギーの運動法則を一般的に解明し、しかる後に、スキー自体の特種な性質を合わせ考えて、本件のごときスキー事故で被告主張のような衝突の態様によっては、被告主張のような衝突後の状況にはならないことを明らかにしたい。

1　運動の法則について

一般に物体に力が加えられると、加えた力の向きに加速度が生じる。加速度の大きさは、加えた力の大きさに比例し、物体の質量に反比例する。これは、物理学的に「運動の第2法則」と呼ばれるものである。これを式にまとめると次のようになる（甲20号証14頁及び15頁参照）。

$a=\frac{F}{m}$（加速度＝$\frac{力}{質量}$）　$ma=F$

2　運動量保存の法則について

二つの物体の衝突を考える場合に、この運動量保存の法則を理解すると便利である。質量m、M［kg］の二つの物体が、はじめ速度 $\vec{v}_1$, $\vec{V}_1$［m/s］であったのが、衝突により速度 $\vec{v}_2$, $\vec{V}_2$［m/s］になったとする。すると甲20号証の図8の4の物体の衝突図に基づき、$m\vec{v}_2+M\vec{V}_2=m\vec{v}_1+M\vec{V}_1$ となる。この式は左辺（衝突後の運動量の和）は右辺（衝突前の運動量の和）に等しいことを表しているのである。つまり運動している物体が相互の間で力積を及ぼし合っても、運動量の総和は一定に保たれていて変化しないのである。この関係は「運動量保存の法則」と呼ばれている（「力積」の意味、その他符号については甲20号証24頁及び25頁参照）。

3　スキーの特種性質について

スキーの板は、長軸と狭い幅の板でできている。滑走する場合、スキーは雪面にある程度食い込む。このようなスキーの板自体の特種性質及び実際の滑走する場合のスキーと雪との関係を踏まえて、衝突事故を考えてみよう。この場合、衝突する側（A）と衝突される側（B）の心理面が重要である。すなわち、衝突する側には、衝突するにあたり、心の準備があるのに反し、衝突される側には、不意打ちとなるのが通常である。

4　本件の場合

そこで本件のようなスキー事故の場合どう考えるべきにつき、1と2で検討した運動法則を当てはめて、検討してみよう。運動量保存の法則により、保存する側の（A）のエネルギーは衝突される側の（B）のエネルギーに転化される結果、（B）の運動は加速されるのである。この場合、スキーの板自体の特種性質及び実際の滑走する場合のスキーと雪との関係を考えなければならないことについては前述した。

さて被告主張によれば、「原告が被告の右後方から被告に衝突した」とか「これによって被告は谷側に突き飛ばされるように転倒したが、原告は山側に倒れ」などと言っている。そこでこの被告の主張を今までの理論を当てはめて検討するに、追突された被告が谷側に突き飛ばされるということは考えられないのである。「右後方から被告に衝突した」と言うが、本件スキーの場合には、スキーの特種性から、まっすぐ前方に加速されることはあっても、谷側方向に行く可能性は少ないと思われる。恐らく、追突された方は、前につんのめって転倒するであろう。他方追突する側は、運動量保存の法則により、急速にエネルギーを減速するので、転倒する場合でも、山側に行くことはなく、追突された方が転倒した場合には、その場でおおいかぶさる体制になると考えられる。

Ｖ　結論

以上検討した通り、原告と被告の主張の食違いの重要な部分につき、ことごとく被告の主張が正しくないことが明らかとなったと考える。この中には、本準備書面の第二項で検討したごとく、どちらが衝突したかという本件最大の争点につき、被告自身の当法廷における供述及び運動法則からも、被告の弁解が成り立ちえないことが論理的に明らかとなったというべきである。ちなみに原告のスキー技術は上級者の上のエキスパートの、さらに上の準指導員であり、現実にもスキー指導に携わってきているのに対し、被告のそれは、初級者の域を出ず、スキーの制御能力の技術を十分に持っているとは到底考えられないことを合わせ考えてみても、原告が被告の後方から追突したなどという被告の主張は荒唐無稽である。

原告の最終準備書面に対し、被告からは反論は一切なされなかった。判決はどうなったか。

「被告は原告に対し金５２５万４７３８円を支払え」という判決であった。20万円の和解勧告から一転５００万円を超える損害賠償を認定した判決であり、文字通り、逆転の判決であった。

決め手は、原告最終準備書面の「力学的エネルギーの原則と被告の主張の矛盾」の論理展開の成功にあったと思われる。この物理学の議論を裁判長が理解して下さり、真正面からの原告全面勝訴判決になったものと考える。

この判決を不服として、被告は控訴した。控訴審の東京高等裁判所ではどのような展開になったか。第一回の法廷の後、裁判官から被控訴人代理人の筆者に次のような提案がなされた。

裁判官「一審判決は、525万円の支払い命令ですが、控訴人の支払いの担保がないので、次回期日に直接支払わせる、という条件で、450万円に減額する、という内容での和解は如何か」

筆者「その方向で被控訴人本人の理解を得たいと思います」

かくて、非常に困難を極めたスキー事故の裁判は、一審での裁判長の被告が原告に金20万円の損害賠償をするという和解勧告から、一転525万円の支払い義務を命ずる逆転勝訴判決になり、最終的に高裁で、現金持参支払いの金450万円での決着で終結したのであった。

第４章　都児童相談センターに息子を奪われた東大名誉教授

本請求者は、著名な東大名誉教授であり、被拘束者Ｋ（保護開始時11歳）の父親である。Ｋは、両親の離婚のため母親不在で、請求者の父親との二人暮らしであった。２０１８（平成30）年12月5日に、Ｋは東京都児童相談センター（以下、「拘束者」または「児童相談センター」）によって一時保護された。父である請求者が２０１９年１月から２月にかけて、がん治療の予定であったため、児童相談センターに一時保護を願い出た、という事情がある。言い換えれば、請求者の子に対する暴力や虐待の事案ではまったくない。その意味では、通常の虐待から子の保護の必要性を論ずるというケースではない。

Ⅰ　経緯

２０１８（平成30）年12月5日、請求者が、がんの治療を行う必要があったため、Kの監護が困難であると考え、Kを伴って児童相談センターに相談に行き、同日児童相談センターによるKの一時保護が開始された。

２０１９（平成31）年1月21日、請求者は、児童相談センターの職員とKとの面談の時に、Kのゲームへの執着が薄れることも期待して児童養護施設へ送致する方針を承諾した、という事情があった。

ところが、入所施設ではゲームを行うことが可能であること、入所施設は宗教団体が運営していること等の説明がされていなかったことなどを理由に、請求者は、同年2月25日に、先の児童養護施設へのKの送致の同意を撤回し、子の引き取りを児童相談センターに願い出た。しかし、児童相談センターから、帰宅した被拘束者が同じことを繰り返した場合、被拘束者自身も傷つくのではないかとの説明がされ、請求者によるKの連れ戻しが拒否されてしまった。

２０１９（平成31）年３月６日、請求者は、東京都知事に、拘束者が２０１８（平成30）年12月５日付で行ったKの一時保護決定処分の取消を求める審査請求を行い、２０１９（平成31）年３月25日、東京高等裁判所に人身保護請求を行った（同審査請求は、審査請求期間経過後の提起を理由に、同月26日却下された）。

２０１９（平成31）年３月26日、児童相談センターが、東京家庭裁判所に対し、同年４月５日以降も引き続き被拘束者の一時保護を行うことの承認（児童福祉法33条５項）を求める申立をする。

２０１９（平成31）年４月４日、東京高等裁判所は、請求者の人身保護請求を棄却。同日、東京家庭裁判所が児童相談センターの同申立を認める審判をし、同月23日に同審判が確定したため、児童相談センターは引き続き被拘束者の一時保護を行う。

児童相談センターは、２０１９（令和元）年６月18日、東京家庭裁判所に対し、請求者による被拘束者の監護懈怠や心理的虐待があるとして、被拘束者を児童養護施設に入所させること（児童福祉法27条１項３号）についての承認を東京家庭裁判所に求める申立をした（児童福祉法33条５項ただし書）。

２０１９（令和元）年12月11日、東京家庭裁判所調査官の被拘束者に対する聴取がなされ、請求者による被拘束者の監護懈怠や心理的虐待の事実はなかったとの調査報告がなされた。

２０２０（令和２）年３月27日、東京家庭裁判所は、拘束者が被拘束者を児童養護施設に入所させることについての承認を求める申立を却下した。

請求者は、２０２０（令和２）年４月６日、東京高等裁判所に、「被拘束者Ｋ（13歳）のため、拘束者に対し人身保護命令を発付し、被拘束者を釈放し、請求者に引き渡す」との人身保護請求の申立をした。

拘束者が被拘束者を児童養護施設に入所させることについての承認を求める申立を却下（同年３月27日）した東京家庭裁判所の決定に対し、拘束者児童相談センターは、同年４月７日、即時抗告している。

東京高等裁判所は、２０２０（令和２）年４月21日、次の理由で、請求者の人身保護請求を棄却した。

「拘束者による被拘束者の拘束が法令の根拠に基づき行われたものであることは明らかであるから、同拘束がその権限なしにされ又は法令の定める方式もしくは手続きに著しく違反していることが顕著である（人身保護規則４条本文）とはいえない。本件審判はいまだ確定していないから、上記判断を左右する事情であるとはいえない」

右記経緯を直截に見る時に、児童相談センターは、人間的な営みを切望する請求者や被拘束者であるＫの訴えなど一顧だにせず、自分たちの立場やメンツだけを優先させているとの思いを強くする。そして、人身保護請求を退けた東京高等裁判所の判断も、法的手続をただ並べただけの、人間味のない冷たい判断であったと感じている。

Ⅱ　東京家庭裁判所の児童相談センターの申立却下決定の経緯と意味

1　児童相談センターによる申立

児童相談センターは、前述の通り、２０１９（令和元）年6月18日、被拘束者Ｋを児童養護施設に入所させることの承認を求める申立をしたが、その理由は次の３点である。

（１）請求者が２０１８（平成30）年７月及び同年９月に２日程度の本件児童を自宅に残して外泊したことが監護懈怠にあたる。

（２）請求者が本件児童の特性を理解せず、ずっと大きな声で話し続け、本件児童が言うことを聞かざるを得ない養育態度を日常的に行い、また本件児童がゲームをやり続けて塾に行かないと無視をはじめ、本件児童が謝っても無視する状態を続けるという養育態度を日常的に行うなど不適切な養育を行っていた。

（３）請求者は、本件児童に対して、一緒に住みたければゲーム機を壊せといってトンカチを渡し、本件児童にゲーム機を壊すよう強制した行為は心理的虐待に当たる。

２　東京家庭裁判所による申立棄却

東京家庭裁判所は、２０２０（令和２）年３月27日、請求者による被拘束者の監護懈怠や心理的虐待は認められないとして、拘束者児童相談センターの右記申立を却下する旨の審判（家事事件手続法別表第一の１２７項）をした。その内容は下記の通りである。

（1）請求者が実家へ行くために外泊したことについては相当の理由が認められること、父は本件児童に一緒に実家に行くよう誘ったが、本件児童はゲーム等の遊びを優先させて、自らその誘いを断ったこと、父が外泊する際は、本件児童のための食事を準備していたことに加えて、外泊日数は長くとも2日程度であり、外泊場所である請求者の実家は東京都内にあって遠方ではなく、電話連絡も取れる状況にあったこと、当時本件児童は既に小学校高学年であり、自分自身の簡単な身の回りのことであれば一人ですることが期待できた等の事情を考慮すれば、父が本件児童の監護を怠ったと評価することはできないし、ましてやその監護懈怠の程度が著しいものとは認められない。

（2）請求者が日常的に本件児童を無視する態度をとっていた事実は認められず、また、本件児童がゲームをやり過ぎたりした場合に、父が本件児童に指導や注意を行い、その指導等が時に本件児童の人格を傷つけたり、無視したりするような態様のものであったと認められないし、父が本件児童に対して日常的にそのような養育態度をとっていた事実は認められない。本件審判手続きにおいて実施された、父と本件児童との面会時の様子を見ても、父子関係は良好であって、本件児童は父に対して親和的で、父を慕っており、本件児童が父を恐れたり、否定的な印象を抱いたりしていることはうかがわれない。

（３）２０１８（平成30）年９月に本件児童がゲーム機を壊したのは、父の指示に基づくものではなく、父との間で取り決めておいたルールを守れなかった本件児童が自らの判断でトンカチを手に取り実行したものであると認められ、父が本件児童を心理的に強制した結果とはいえない。（略）当該ルールの設定を含めて、親権者である父の当該指導が不当なものとはいえず、またそのような父の教育方針やそれに基づく本件児童に対する指導が直ちに本件児童に対する心理的虐待に当たるとは認め難い。

Ⅲ　東京家庭裁判所が児童相談センターの申立理由を全面的に退けた決定的理由

東京家庭裁判所の審判は、２０１９（令和元）年12月11日、調査官による、本件児童に対する聴取がなされ、２０２０（令和２）年２月21日に提出された、詳細な調査報告書の内容を根拠としている。

その調査報告書によれば、本件児童の率直な心情が綴られている。

「できるだけ早く帰りたい」

「僕は、お父さんが好きだから、一緒にいたい」

「お母さんは怖かったが、お父さんは優しかった」

「お父さんは、普段は優しい。人が良い。小さい子どもが好きである。」

「お母さんは、僕の頭とか体を叩いた。（略）僕は、今後も、お母さんには自分から会いたいとは思わない」

「お父さんの外泊については、（略）お父さんは、いつも僕に一緒に行こうと誘い、僕も、前は一緒に行っていた」

「平成30年9月13日にゲーム機を壊した後、またゲーム機をお父さんが買ってくれたのは、僕は児童相談所の人に2か月後と言ってしまったが、よく考えると、お父さんが言っている方が正しくて、2週間後くらいには買ってもらった」

「僕が謝っても、お父さんが無視を続けることはあったが、記憶に残っているのは1回だけで、でかい喧嘩をした時だった」

「お父さんは、ほぼ悪いところはなかったと思う。僕の話も聞いてくれたと思う。そのことは、僕は、最初から児童相談所の人にも言っていた」

「できるだけ早く帰りたいです」

そして、調査官は、「なお、児童相談所の児童福祉司や臨床心理士は、毎月面会に来ており、11月下旬の面接の時にも、12月5日の面接の時にも、帰りたいことは伝えていたということだった」とのコメントが特記されている。

Ⅳ　拘束者児童相談センターの事実の歪曲と虚偽主張

冒頭に記したように、本件は、請求者が2019（平成31）年1月から2月にかけて、がん治療の予定であったため、児童相談センターに、子である被拘束者の一時保護を願い出た、というケースであり、請求者の子に対する暴力や虐待の事案ではない。

その後、児童相談センターにKの児童養護施設への入所を勧められ、一旦は同意したが、その後、その同意を撤回したことについては前述した通りである。しかし、その後、児童相談センターから、請求者の子に対する「心理的虐待」「監護懈怠」などと〝言いがかり〞をつけられ、子の連れ戻しを拒否されるという、想定外の処遇を受けた、という経緯になる。

その後、東京家庭裁判所の審判により、拘束者児童相談センターの処遇の理由（請求者の子に対する「心理的虐待」「監護懈怠」）が完全に否定されたことについて前述した通りである。

V　理不尽な展開の背景

児童相談センターに勤務していた元児童心理司が、その著『児童相談所が子供を殺す』（山脇由貴子著、文春新書）の中で、次のような内部事情を明らかにしている。「子どもの処遇を決定する児童福祉司は、福祉や心理の専門家ではなく、事務職や地方公務員が人事異動で児童相談所に配属されただけである。にもかかわらず、児童福祉司になった瞬間、自分が専門家であるかのような錯覚を抱いているに過ぎない」と告発している（113頁～114頁）。

さらに著者は、「児童相談所の役割は、子どもを親から引き離すことではない。

（略）最終的には子どもと親が一緒に生活できることが児童相談所の目標だ。そのために、子どもがどうしたら安全に家庭で生活できるようになるかを考えるのが児童相談所だ。だから、子どもを家に帰す取り組みは、児童相談所の非常に重要な仕事と言える」（171頁）。

東京都が児童相談所運営にかかる「一時保護所の実態調査」を依頼された、弁護士からなる第三者委員会は、「一時保護所では子どもの人権が侵害されている」との報告をなしている（2019年7月18日付『朝日新聞』）。

ちなみに、請求者が被拘束者に送った手紙を、児童福祉司が勝手に開封し、子どもに渡すか差し止めるかを決定していたと、請求者は陳述書の中で述べ、これは通信の秘密さえ保たれていない、という意味で、憲法21条2項違反ではないかと批判している。

児童相談センターが被拘束者Kを強制的に収容しているのは、Kや請求者の人権などお構いなしに、児童相談所の、社会的非難の回避とメンツを守ることを第一義的にしているからではないかとも思われ、誠に遺憾である。

敷衍すれば、児童相談センターは、親に虐待されていた子どもを一時保護していたにもかかわらず、親の要求に屈して子どもを帰宅させた結果、子どもが親に殺されてしまうという事件を何度も引き起こし、社会の批判に曝されてきている。

千葉県野田市で起きた栗原心愛《みあ》ちゃんの事件も、マスコミで大きく報じられ、児童相談所の対応の不適切さが国会でも取り上げられた。

児童相談所は、「子どもを家に帰して、万一、家庭で暴力事件が起きた時には、また世間の非難を浴びることになる」と考え、いったん預かった子どもは家に帰さないことにしたのではないかと、請求者は大きな疑問を提示している。

実際、児童相談所が子どもを強制収容して帰さないという事件は、他にも起こっている。

Ⅵ　拘束者児童相談センターの被拘束者及び請求者に対する基本的人権の侵害

1　個人の尊重ということ

日本国憲法は次のように定めている。

「国民は、すべての基本的人権の享有を妨げられない。この憲法が国民に保障する基本的人権は、侵すことのできない永久の権利として、現在及び将来の国民に与へられる」（第11条）。

「すべて国民は、個人として尊重される。生命、自由及び幸福追求に対する国民の権利については、公共の福祉に反しない限り、立法その他の国政の上で、最大の尊重を必要とする」（第13条）。

また、民法は、「親権を行う者は、子の利益のために子の監護及び教育をする権利を有し、義務を負う」（第８２０条）と定める。

かくして、子どもが、自宅で自由に暮らす権利も、親が子どもと一緒に暮らす権利も、ともに、「自由及び幸福追求に対する国民の権利」として、憲法で保障されているのである（憲法第13条）。

子どもが親に虐待されている場合には、子どもが持つ「自由及び幸福追求に対する国民の権利」が侵害されていることになるので、親権が制限されてもやむを得ない。

児童虐待防止法は、次のように定めている。

「（通告又は送致を受けた場合の措置）

児童相談所が児童虐待を受けた児童について児童福祉法第二十五条の規定による通告又は同法第二十五条の二第一号の規定による送致を受けたときは、児童相談所長は、速やかに、当該児童の安全の確認を行うよう努めるとともに、必要に応じ同法第三十三条第一項の規定による一時保護を行うものとする（第８条）」

この児童虐待防止法の趣旨は、児童虐待を受けた児童について、「一時保護を行う」ということであるから、親権者が一時保護に同意しない場合、強制的な一時保護が「子の監護及び教育をする権利」を侵害しないか否かは、「児童虐待」が行われていたかどうかによると考えられる。

２　心理的虐待等の有無

２０１８（平成30）年12月5日に、被拘束者が児童相談センターに一時保護されたのは、請求者の依頼によるものであったことについては前述した通りである。請求者の虐待を理由として児童相談所が行ったものではない。本件における最も重要な視点であるので、再確認しておきたい。

そもそも、被拘束者Ｋを児童養護施設に送致するという児童相談センターの決定に請求者が同意しないことを明らかにした後、児童相談センターは、突然、請求者が被拘束者Ｋを自宅に残して外泊したことが「監護懈怠」にあたるとか、請求者がＫに対して、一緒に住みたければゲーム機を壊せといってトンカチを渡し、Ｋにゲーム機を壊すよう強制したなどといい、「心理的虐待」に当たるなどと主張した。

家庭裁判所調査官の被拘束者Ｋの聞き取り調査の結果、児童相談センターの児童養護施設への送致の右記理由は、すべて否定されたことについては前述した通りである。特に、ゲーム機については、Ｋが自らトンカチを手に取り実行したものであり、請求者がＫを心理的に強制した結果とは言えない、と明確に否定する調査報告であった。

本件ケースでは、請求者による被拘束者の息子に対する「虐待」がないことは争いのない事実であるから、親権者である請求者の反対を押し切ってまで被拘束者の息子の一時保護を継続する理由はまったくない。その強行は、憲法にも児童虐待防止法にも反する違法、不当な拘束であることは明らかである。

Ⅶ　子の養育とホスピタリズム

ひるがえって、児童福祉司は一般の地方公務員であり、児童保護のための特別な訓練を受けているわけでも、特別な資格を持っているわけでもないことを、あらためてここで指摘しておきたい。

また、児童相談所は、虐待されていた児童を親に返すなど、過去に度々、誤った判断を下してきたことは公知の事実である。一時保護を続けるという児童相談センターの対応は、ちょっとしたことでも間違いがあっては、社会から批判されるかもしれない、とのことで、自己保身から、何が何でも、被拘束者を拘束することを優先していると思われる。

子どもの健全な発達、育成のためには、親とともに過ごすことがもっとも大事で、その普通の日常こそが尊重されなければならないのではなかろうか。しかし、親から虐待などを受けているなどの場合は、やむを得ず、子どもを守るために、施設に隔離することが緊急保護としても求められるという事であろう。

請求者こそ、被拘束者の息子を「責任を持って養育する姿勢」において、人後に落ちないものであり、親子がともに生活するという生活の基本が尊重されなければならない。

心理学・精神医学では「ホスピタリズム」という問題が古くから知られており、一般に、子どもの養護は、自宅の方が施設よりも優れていると言われている。

Ⅷ　東京高等裁判所への人身保護請求の要旨

人身保護法第1条は、「この法律は、基本的人権を保障する日本国憲法の精神に従い、国民をして、現に、不当に奪われている人身の自由を、司法裁判により、迅速、且つ、容易に回復せしめることを目的とする」と定める。

被拘束者及び請求者の基本的人権を侵害してまで、被拘束者の一時保護を強行することが正当化できるほどには、請求者の養育が不適切である、ということは断じてない。

被拘束者が請求者のもとに戻った場合、被拘束者である息子の人権が大きく侵害される恐れはない。他方、請求者が被拘束者の息子を虐待していないにもかかわらず、親権者である請求者の反対を押し切って一時保護を続け、息子と請求者を強制的に引き離した場合には、息子にとっても、請求者にとっても、基本的人権が確実に侵害されることになる。

下記は、子の健康状態を案ずる請求者の陳述書の内容である。

「現在、新型コロナウィルスの感染が急速に拡大しています。循環器系に基礎疾患を持っている場合には、感染すると重症化する可能性が高いと言われています。息子は、生まれつき心臓に疾患があり、第1級（もっとも重度）の身体障害者手帳を交付されています。体内にペースメーカーを埋め込んでおり、そこで繁殖した細菌などが原因で、これまで何度も手術を繰り返してきました。新型コロナウィルスに感染すると、命にかかわる恐れがあります。

息子は児童養護施設で集団生活をしていますが、集団生活をしていると、感染の確率が高まります。集団生活をしている場合、クルーズ船や千葉県の障害者施設の例からもわかる通り、誰かが感染すると、一気に多くの人たちに感染が広がってしまいます。

以前は、新型コロナウィルスの感染で死亡するのは高齢者であり、若年者には危険はないと言われていたこともありました。しかし、最近は若年者で重症化する例も出てきており、ヨーロッパでは、12歳、13歳という子どもの死亡例が報告されています。私は息子が心配で、気が気ではありません。息子は、児童養護施設に収容されているより、自宅で暮らす方がはるかに安全です。帰宅しても息子が虐待の被害を受ける心配がないことは、家庭裁判所の審判と調査報告書が示す通りです。一刻も早く息子を帰宅させていただきたいと思います」

請求者の子を想う悲痛な叫びも裁判官の心に届かなかった。

Ⅸ　総括

筆者が、本件人身保護請求の弁護を担当したのであるが、この論稿をまとめていて、どうしても納得できないことがある。

調査官の被拘束者Ｋへの聴取がなぜもっと早く行われなかったのか？　調査官の調査がなされて、請求者の監護懈怠や心理的虐待などの主張が完全に否定され、家裁の決定で、児童相談センターの申立が却下されているのに、児童相談センターは、なぜ、即時抗告までして争わなければならなかったのか。

そして何より、東京高等裁判所が、請求者の懸命な訴えに耳を傾けられなかった理由は何か。「拘束者の拘束が法令の根拠に基づき行われたものであることは明らかであるから、同拘束がその権限なしにされまたは法令の定める方式もしくは手続きに著しく違反していることが顕著である（人身保護規則４条本文）とはいえない」

このような「法的手続きに則っている」という、手続きだけを強調する判決理由はまったく説得力を持たないと思うが如何であろうか。被拘束者である子の福祉のことに一言も触れられていないということが、どうにも納得できないのである。

第5章　たばこ病訴訟と裁判官の責任
——結審直前の裁判長更迭の意味するもの

＊『日本の科学者』（２０１２年8月号）の拙稿を加筆修正した

今から41年前の１９８０（昭和55）年4月7日、国鉄（現在のＪＲ）の中・長距離列車に禁煙車両を設置させることを目指して訴訟提起した。嫌煙権訴訟である。当時、新幹線をはじめ全国の中・長距離列車に一両も禁煙車両がなく、どの列車内も煙モウモウであった。今から振り返ると、信じられないほど野蛮な時代であった。

赤ちゃんや妊婦、病者という弱者にちょっと思いを寄せれば、我々の求める権利主張が、人間が健康に生きていくための当然の訴えであることが理解してもらえるはずであった。筆者自身、気管支喘息を患っていたので、煙害には随分苦しめられた。例えば、新幹線に乗って旅行に行くと、車内のたばこの煙で喘息の発作を誘発され、それから10日間も呼吸不良に苦しめられる羽目になる。このような理不尽な社会のあり方を変えていかなければならないという使命感のようなものを感じていた。

Ⅰ　嫌煙権訴訟からたばこ病訴訟へ

嫌煙権訴訟は、当時の国鉄の中・長距離列車に、禁煙車新設を求める訴訟であり、裁判の戦いを市民運動の一環と位置づけていた。法社会学者から、政策形成型訴訟の典型例の裁判と称された裁判戦術であった。提訴以来、新幹線をはじめとして、全国の特急列車の各列車に禁煙車両が次々に新設・増設され、提訴から7年後の１９８７（昭和62）年3月27日の判決時までには、全国の中・長距離列車の各列車の約30％に禁煙車両が設置されるという画期的な成果を勝ち取ることに成功した。

嫌煙権訴訟の実質勝訴により、新聞、テレビ、週刊誌等が連日市民運動を取り上げるという展開になり、嫌煙権の市民運動に弾みがついたことは間違いない。

しかし、判決が、受動喫煙被害を〝受忍限度内〟とした点は大いに不満であった。これは、裁判官が受動喫煙被害についての科学的知見を理解できなかったことを示すものである。

最近、ある高裁の裁判官の話として伝わってきているのが、「嫌煙権訴訟は、原告勝訴にしてよかった、というのが多くの裁判官の意見である」というものである。

当時、筆者が担当していたある民事事件の裁判長から、嫌煙権訴訟に賛意を表されたのが印象に残っている。また、国選弁護事件の控訴審（東京高裁）で、今は亡き谷口正孝裁判長（後に最高裁裁判官）から、法廷の後判事室に呼ばれ、嫌煙権の市民運動を激励された、というエピソードもある。

Ⅱ　たばこ病訴訟（東京訴訟）

1　たばこ病訴訟の概観

嫌煙権訴訟判決から11年後の1998（平成10）年5月15日、反喫煙運動の第2弾として、たばこ病訴訟を提起した。肺がん、喉頭がん、肺気腫のたばこ病被害者7名が原告となって、日本たばこ産業と歴代の社長3名、そして国を被告として、一人1億円の内金として各金1000万円の損害賠償請求のほか、たばこ自動販売機によるたばこの販売禁止、たばこの広告の禁止、具体的な警告表示をせよ等と求めたのである。たばこ病を俎上にのせ、たばこ販売者の日本たばこ産業の責任と厚生行政の遅れを招いた国の責任を告発した、日本で初めての本格的なたばこ病訴訟となった。

たばこ病訴訟は、直接喫煙の有害性を真正面から論じ、毒物としてのたばこ製品を告発し、肺がんや喉頭がん、肺気腫の深刻な健康被害を被った、たばこ病被害者の被害回復を目指すものであった。言い換えれば、たばこ病訴訟は、たばこを重大な欠陥商品としてたばこ会社の存立自体を問う根源的な告発であった。

たばこ病訴訟は、国や日本たばこ産業に対し、たばこを毒物として告発しているので、「たばこ事業法」第1条のたばこ拡販政策を根源的に問う裁判であった。

たばこ病裁判の場合は、判決を下した裁判官個人のレベルを超えて、司法のあり方自体が問われた裁判であったと考える。言い換えれば、裁判官の独立という憲法上の問題を論じなければならない根源的問題を孕んでいたと感じている。このような視点を踏まえて、法廷の具体的展開を紹介しながら、あえて踏み込んだ分析と提言をしたいと考える。

2　後世に悪名を残す判決

たばこ病訴訟の争点は、①ニコチンの依存性と、②喫煙と肺がん等との因果関係の

2点であった。

提訴から5年5か月後の２００３（平成15）年10月21日、東京地方裁判所は、この二つとも否定した（浅香紀久雄裁判長、水野邦夫裁判官、内藤由佳裁判官）。判決が、国際的知見に明らかに反する判断を堂々と（？）したのには驚かされた。なぜそのような非科学的な判決になったのか。

実は、法廷の展開からその答えが見えてくる。この法廷には、〝見えざる手〟が存在していたと考える。その〝見えざる手〟に迫るのが本稿の目的である。

3　ニコチンの依存性の否定

まず、ニコチンの依存性について、判決は、

（1）身体的依存――心理的依存がほとんど

（2）依存の程度は微弱

（3）精神的依存――禁制品やアルコール依存より格段に低い

などとした。

しかし、このニコチンの依存性に関する判決の理解は、医学、薬理学の専門的認識は言うに及ばず、国際的知見、社会一般の常識等、どれをとっても誤りであることは明らかである。

２００５（平成17）年2月27日に発効した「たばこ規制枠組み条約」（日本政府は２００４年6月8日批准）は、その前文で、次のように宣言する。

「たばこの消費及びたばこの煙に曝されることが死亡、疾病及び障害を引き起こすことが科学的証拠により明白に証明されている」

「紙巻たばこ及びたばこを含む他の製品が依存を引き起こし及び維持するような高度の仕様となっている」

「紙巻たばこから生ずる煙に薬理活性、毒性、変異原性及び発がん性があること並びにたばこへの依存が主要な国際的な疾病の分類において一つの疾患として別個に分類されている」

これがニコチンの依存性についての国際的知見である。

卑近な例には事欠かない。たばこを止めたくても止められない喫煙者が巷に溢れているではないか。ニコチンガムやニコチンパッチは、なぜ商品として存在するのか。禁煙したい喫煙者が、病院の禁煙外来に長期間通院する姿は珍しくない。なぜなのか。「禁煙に１００回も成功した」などというジョークも昔からよく使われる。そしてニコチン依存症は、立派な病名である。判決のニコチン依存症否定あるいは軽視の言辞は、何らかの政治的意図でもなければ理解困難である。判決が社会の実態から著しくかけ離れていることは、誰の目にも明らかである。裁判官が、なぜこのような恥ずべき判決を書いたのか、それこそが問題なのである。

4　喫煙と肺がんとの因果関係の否定

英国政府が１９６２年に、米国政府が１９６４年に、それぞれ報告書を出している。その中で、いずれも、喫煙と肺がん等との因果関係を認めている。その後、米国のたばこ会社も喫煙と肺がん等との因果関係を公式に認めるに至った。

驚くことに、東京地裁と東京高裁判決は、一般にたばこの有害性について、「現在のところ、十分解明されているとは言い難い」などと判示した。

喫煙と肺がん等との因果関係について、判決は、疫学を否定して、次のように言う。

「疫学による寄与危険度割合は、ある要因の曝露群と非曝露群における罹患者数を他要因を交えずに比較したもの」

この判決の疫学に関する理解は、疫学のイロハをまったく理解しない（無視した）ひどいものであった。しかし、問題はそう簡単ではない。なぜかといえば、疫学を因果関係の根拠にする事については、既に判例として確立しているからである。裁判官が、その判例を知らないということは考えられない。

原告・弁護団は、疫学の第一人者である津田敏秀教授（現・岡山大学大学院環境学研究科）の「喫煙による健康影響に関する意見書」を提出していたので、右記のような疫学のイロハを間違えるということはありえないのであった。念のため、疫学の基礎について振り返り、判決の誤りを確認する。

5　喫煙と肺がんとの因果関係は疫学が証明

肺がん患者らは、喫煙をした結果、肺がんに罹患した者である。この、喫煙があって、かつ肺がんに罹患した（あれがあって、これがあった）人において、喫煙がなければ肺がんに罹患しなかった（あれなければこれなし）ことを科学的に示すために、経験則を用いる。喫煙したために肺がんに罹患した人たちに、喫煙しなかったなら肺がんに罹患しなかったかということは、時計を後戻りさせなければ示し得ない。そこで、これを示す際には、非喫煙者たちを観察し、喫煙者たちの観察結果と比較することを行う。これが疫学研究である。

太田勝造東大教授（当時）は、東京地裁判決と東京高裁判決を批判して次のように言う。

判決は、「疫学による寄与危険度割合は、ある要因の曝露群と非曝露群における罹患者数を、他要因を交えずに比較したもの」であるから、「その数値を、当該疾病の原因となった確率として用いることはできない」。これは疫学についての甚だしい無理解を示すものである。非曝露群の中で肺がんに罹患した人の肺がんの原因は喫煙以外のもの、すなわち、「他の要因」に他ならないのであって、疫学的方法によって因果関係を決定する作業を行う場合には、常に、最初から「他の要因」（正確に言えば、右記の例の場合には、喫煙以外の様々の要因をすべて含んだもの）を考慮に入れているのである。

津田敏秀教授は、東京訴訟の上告審に対する「意見書」の中で、喫煙と肺がん等との因果関係について、「解明されていない」などと言っているのは、世界中の公的機関の中で、日本たばこ産業と、日本の司法（東京地裁と東京高裁）のみになったと皮肉った。

山田卓生日本大学教授（当時）は、東京地裁判決に対し次のように批判する。「判決は、まず結論ありきで、それにあわせて理由らしきものを書いている。判決は、ほとんど被告ＪＴの言い分を取り入れている。まるで被告の準備書面であるかのように読める。原告側の主張を検討し、それを十分考慮したうえで退けるというのではなく、何をいってもダメだよ、といった姿勢さえうかがえる」（「たばこ被害と損害賠償」『ジュリスト』、２００4年3月1日号）。

Ⅲ　疫学を因果関係の根拠にする判例の数々

従前の公害訴訟において、疫学は、因果関係肯定の根拠として認められ、既に確立している。具体的に紹介する。

1　名古屋高裁金沢支部判決（昭和47年8月9日）

名古屋高等裁判所金沢支部は、1972（昭和47）年8月9日、疫学的因果関係により原因物質が証明された場合には、臨床医学および病理学による解明によって右証明が覆されない限り、法的因果関係の存在は肯定されるとして次のように示した。
「公害訴訟における因果関係の存否を判断するに当たっては、企業活動に伴って発生する大気汚染、水質汚濁等による被害は空間的にも広く、時間的にも長く隔たった不特定多数の広範囲に及ぶことが多いことに鑑み、臨床医学や病理学の解明からの検討のみによっては因果関係の解明が十分達せられない場合においても、疫学を活用していわゆる疫学的因果関係が証明された場合には原因物質が証明されたものとして、法的因果関係も存在するものと解するのが相当である」（「判例時報」674号、25頁）。

この名古屋高等裁判所金沢支部判決は、イタイイタイ病に関する富山地方裁判所の判決（昭和46年6月30日判決「下級民集」22巻5、6号別冊、1頁）に対する控訴審判決である。富山地裁の判決は、発病のメカニズムについて十分明らかでない点があっても大筋において説明できれば法的因果関係にとっては十分であるとしている。

２　新潟地裁昭和46年９月29日判決

また、新潟水俣病に関する新潟地方裁判所の判決（昭和46年9月29日判決「下級民集」22巻9、10号別冊、1頁）も、因果関係の連鎖のすべてについて自然科学的解明を要求することは被害者救済の途を閉ざすことになるとして、被害者の立証責任の軽減を図っている。

これらの判決では、いずれも疫学調査が因果関係決定の決め手とされているのである。

３　津地裁四日市支部昭和47年７月24日判決

さらに、四日市ぜんそく損害賠償請求事件において、津地方裁判所四日市支部（昭和47年7月24日判決『判例時報』672号、30頁）は、原告らの請求をほぼ全面的に認め、公害事件における病因追及には疫学的方法が重要であることを指摘し、法的因果関係の有無を判断するにあたって、原因の作用機序（メカニズム）まで明らかにする必要はないと述べる。

この四日市公害判決は、いわゆる非特異性呼吸器疾患について、疫学的立証を採用している（野村好弘東京都立大学助教授「四日市判決の意義と問題点」『法学セミナー』１９７２年９月号、２～４頁参照）。

では、東京地裁判決及び東京高裁判決は、なぜ、このような明らかな謬論をなしたのであろうか。

裁判官が、学者の意見書をまったく読まない、とは考えられない。読んだ上で、判決の矛盾を承知の上で、〝なりふり構わず〟これらを無視したのである。なぜか、それが問題なのである。

Ⅳ　不可解な法廷の展開

１　結審直前の寺尾裁判長の更迭

東京地裁の５年間に及ぶ法廷のうち、第４回から24回までの口頭弁論を指揮した寺尾洋裁判長が結審直前に更迭された。

寺尾裁判長は、第24回口頭弁論期日において、「次回または次々回には結審にする」と裁判長席から言っていた。それが、次の第25回口頭弁論期日から、その寺尾裁判長が突然法廷から消えた。

法廷に何があったのか。

これまで、寺尾裁判長は次のような訴訟指揮をしていた。

（1）中島与作原告本人尋問において、JT代理人弁護士がメモを見ようとした原告の中島氏に対し「メモは見ないで」と制止したところ、寺尾裁判長は、「メモを見てもよい」と認める。

（2）JTの大河常務取締役の証人尋問において、寺尾裁判長は大河常務に対し、「質問に答えていない」と注意した。

（3）津田敏秀教授（前掲）を補佐人にとの原告側の請求に対し、日本たばこ産業代理人弁護士が反対したが、寺尾裁判長は津田氏を補佐人に認めた。

このような法廷の一連の流れに対し、日本たばこ産業側がこの法廷は危ない（敗訴の危険）との危機意識を増幅させたことは間違いない。反対に、原告・弁護団は大いに勇気付けられ、判決の行方に非常な期待を寄せていた。そして上述したような結審直前の裁判長更迭となった。この裁判長の突然の更迭は、不自然といえばあまりに不自然であった。

この突然の裁判長更迭は、通常の裁判官の人事異動の時期（2月～3月）ではない12月中のことであった。そのような例がないわけではないが、後述するような不可解な事情をも併せ考えると、何らかの〝見えざる手〟の存在を疑わざるを得ない。

裁判官の身分は、憲法で保障されている（第76条）。しかし、司法行政によって、この崇高な裁判官の独立が歪められているという指摘が識者からされて久しい。

このように考えると、法廷のほとんどを訴訟指揮していた寺尾裁判長の結審直前の突然の更迭の理由が見えてくる。

2　横浜たばこ病訴訟でも不可解な法廷の展開

２００５（平成17）年1月提訴した横浜たばこ病訴訟は、提訴から3年後の２００８（平成20）年4月、突如裁判長が交代した。新裁判長は、なんと、東京地裁の時の右陪席であった水野邦夫裁判官である。しかも、もう一人の右陪席に座った新裁判官の経歴は、東京訴訟上告審の時の最高裁調査官だった。

これは何を意味するかといえば、結論として、横浜たばこ病訴訟は、原告・弁護団の訴えを勝たせてはならないという陰の采配がなされたことは疑いようがない。その陰の采配者はだれなのか。

東京訴訟で、結審直前の裁判長の更迭がなされ、ひどい判決内容で原告・弁護団の訴えを退けた時の陪席裁判官が、横浜たばこ病訴訟裁判長として登場し、さらに東京訴訟の上告審の時調査官だった裁判官が横浜訴訟の陪席裁判官席につく、そして被告日本たばこの主任代理人弁護士が、同じ最高裁調査官の経歴の持ち主である。

このような展開をみれば、裁判官構成が何らかの意図的な采配の下になされたのではないかという合理的疑いが生じるのは当然であろう。要するに、偶然にしてはでき過ぎているということである。裁判の公正、公平は、司法の生命であるはずであるが、我々のたばこ病訴訟を見る限り、最高裁を頂点とする裁判所が寄ってたかって、原告・弁護団の主張を、「何を言ってもだめだよ」（山田教授）、「聞く耳を待たないよ」という強い姿勢で、公正さを疑われようが〝なりふり構わず〟切り捨てたのではないかと考える。

そして、水野邦夫裁判長は、喫煙と肺がん等の因果関係について、「定性的意味での因果関係を肯定するには十分」といい、東京訴訟より〝格段に〟進歩したかのような言辞を弄しつつ、「定量的な意味での危険性の認識まで有していたとは言えない」などと言い、結局因果関係を否定した。そして「従前どおりの方法でたばこ製造販売を続ければ、不特定多数の者がたばこ関連病に相当の蓋然性をもって罹患し、いずれは死亡することを認識していたとは言えない」などと判示した。

あらためて、本件判決内容を見ると、水野邦夫裁判長の、弁護士時代の人権派としての活動の姿勢はもはや感じられず、〝国策裁判〟のレールに乗って、東京訴訟のひどい判決を一部修正して一歩前進のように見せかけて、結局は日本たばこ産業と国のたばこ拡販政策の一翼を担う役割を果たし、問題の先送りをしただけの低レベルの判決であったと総括しておく。

Ｖ　原発事故と裁判官の責任

２０１１（平成23）年３月11日の地震の後、福島の原発が暴発した。想像を絶する悪夢が人々を襲い、今後、何十年も（否、永久に）深刻な放射能汚染が続くことが避けられなくなっている。

このような未曾有の破滅的被害（catastrophe）はなぜ防げなかったのか。これは紛れもない人災である。〝原子力の平和利用〟などという政治的扇動のもと、原発の利権に群がってきた政治屋、御用学者、官僚等が法的責任を含めて今後厳しく告発されなければならない。しかし、忘れてはならないのは、原発の危険性を警告する良心の学者や住民の原発差し止めの訴えをことごとく退けてきた最高裁判所を頂点とした全国の地裁・高裁の裁判官の責任の重さである。

２０１１（平成23）年11月30日の朝日新聞の「耕論——元最高裁判事原発訴訟を語る」の中で、驚くべき事実が明らかにされた。

女川原発と志賀原発第1号機の運転差し止めを求めた2件の訴訟の上告審を担当し、女川原発訴訟では裁判長を務めたという元原利文氏は、インタビューに答えて、次のような事実を明らかにしている。

「事件の詳細はよく記憶していません」

「職業裁判官出身の優秀な調査官がついて、上告理由に当たるかどうかなどの観点からあらかじめ事件を振り分けてくれます」

「全事件の9割以上は持ち回り審理によって『上告棄却』か『不受理』になっていたと思います」

「先に挙げた2件の原発訴訟についても合議を開いて議論した記憶はありませんから、恐らく調査官の意見通りに『上告棄却』となったケースだろうと思います」

懸念していた通りの司法の実態が浮き彫りにされたと言わなければならない。

女川原発と志賀原発訴訟の上告審は、裁判官の合議もされておらず闇に葬られていたことが、最高裁の担当裁判長から明らかにされた。要するに、最高裁調査官が裁判の行方を決める事実上の〝決裁〟の権限を有していることの問題は看過できない。

原発の大事故が発生してしまった今、合議もせず、重要な原発訴訟の審理を事実上放棄して、原発の危険性を訴え続けた良心の学者や住民の声を抹殺した裁判官の責任は、極めて重大であると言わなければならない。

元原元最高裁裁判官へのインタビューの最後、「東日本大震災を経て、司法にとっても原発はそれほど大変な問題だと、あらためて感じています」という言葉の意味は重い。

Ⅵ　総括

作家の門田隆将氏は、『裁判官が日本を滅ぼす』（新潮文庫）の中で、次のように言う。

「ほんの少し手を伸ばせば、そこにある『本当の真実』に、裁判官の多くは近づこうともしないし、国民に期待されているその本来の役割を果たそうとする使命感も問題意識もなくなっている」

「裁判官には高度な法的知識と判断力、そして正義感と識見が備わっているなどと、間違っても思ってはならない」

　筆者は、個人的には、法律家としてだけでなく人間的にも信頼できる裁判官を多く知っている。しかし、たばこ病訴訟のひどい判決につき合わされ落胆の極にいる筆者は、門田氏の慨嘆と怒りに共感できるところが少なくない。

　司法が国策としてのたばこ拡販政策を容認しようとしても、国民の目はごまかせないことを知るべきである。ましてや疫学を歪曲して因果関係を否定しようなどというのは、あまりに非学問的、非論理的、非科学的であって、著しく正義に反する。そのような裁判官の姿勢は、国内的には勿論、国際的に通用しないことは明らかである。裁判官は国民的目線で正々堂々とした姿勢を貫いてもらいたい。

参考文献

山田卓生「たばこ被害と損害賠償」（『ジュリスト』、2004年3月1日号）
棚瀬孝雄編『たばこ訴訟の法社会学』（2000年、世界思想社）
伊佐山芳郎『嫌煙権を考える』（1983年、岩波新書）
伊佐山芳郎『現代たばこ戦争』（1999年、岩波新書）
伊佐山芳郎「米国たばこ会社の敗北と日本の将来展望」（『自由と正義（Vol.47）』）
Isayama Yoshio (2000). The development tobacco litigation in Japan, *LEGAL PUBS.*
たばこ問題情報センター「アメリカたばこ事情調査レポート」
JA研究会「嫌煙権訴訟をめぐって」（『ジュリスト（№745）』）
高橋利明・塚原英治編『ドキュメント現代訴訟』（1996年、日本評論社）
西川伸一『日本司法の逆説――最高裁事務総局の「裁判しない裁判官」たち』（2005年、五月書房）
「原発事故を招いた裁判官の罪」（『週刊金曜日』、2011年866号）
「原発を推進した裁判官へ――フクシマの責任はあなたたちにもある」（『週刊現代』2011年

5月28日号）
井戸謙一元裁判官インタビュー「司法と原発」（２０１１年6月2日付『朝日新聞』）
耕論「元最高裁判事　原発訴訟を語る」（２０１１年11月30日付『朝日新聞』）
小出裕章『原発はいらない』（２０１１年、幻冬舎ルネッサンス新書）
門田隆将『裁判官が日本を滅ぼす』（２００５年、新潮文庫）

第６章　業務停止命令処分取消請求訴訟

――第１次訴訟の全面勝訴から驚きの展開に

＊拙稿「特定商取引法による業務停止命令処分取消請求事件報告」（『行政関係事件訴訟最新重要行政関係事件実務研究③』２０１４年、青林書院）を加筆修正した

悪質な業者による消費者被害が後を絶たない。その意味で、消費者被害を防ぐために、悪質な業者を摘発して、善良な消費者を保護することの重要性について否定するものではない。しかし、他方、誇大広告など法に反する過去があれば、その後の業者の改善に向けての真摯な努力などお構いなしに、「疑わしきは罰する」式の一罰百戒的行政姿勢をとることは誤りであり、そのような行政姿勢は〝百害あって一利なし〟である。

およそ経済社会は、消費者だけでは成り立たず、事業者と消費者とは「業務の提供者と消費する者」の関係であり、この両者あいまって成り立つことは、あらためて論ずるまでもない。言い換えれば、消費者の権利が悪質な業者によって侵害されること

は防がなければならないが、社会に貢献している真面目な事業者が、権力志向の強い行政当局によって業界から放逐されるようなことになれば、事業者の営業活動が阻害されるという意味で、事業者の職業活動の自由が害されることはもちろん、消費者が真面目な事業者の営業活動にあずかる権利も阻害されることになる。

最高裁判所は、２０１３（平成25）年１月11日、薬のネット販売を規制する省令を無効とする判決をなし、その理由として、「職業活動の自由」の制約を掲げていると報じられている（２０１３年１月12日付『朝日新聞』）。

特定商取引に関する法律（以下「特商法」という）の国会での改正手続の際にも、「付帯決議」で、「健全な事業の発展を阻害する事のないよう十分に注意すること」とされている。ところが、被告処分行政庁は、これらの警告にも一切お構いなしに遮二無二本件業務停止命令発動に至ったものと言わざるを得ない。

ひるがえって、業務停止命令は、いわば行政指導のウルチマ・ラチオ（ultima ratio：最後の手段）として、業者が行政指導に従わない場合等の懲罰として、最終的に業者に課せられることが予定されているものである。ちなみに、業務停止命令は、これを受けた業者にとっては致命的ダメージになり、文字通り〝息の根を止め〟られるほどのもので、業者に対する〝死刑判決〟に匹敵するものといっても言い過ぎではない。だからこそ、業務停止命令は、〝伝家の宝刀〟として、行政に最後に与えられた強制手段であるはずである。

従って、行政は、権力の行使者として基本的に〝抑制的〟でなければならない。言い換えれば、権力の行使者として権力をむやみに振りかざしての〝濫用〟は法治国家の理念からも許されないと考えるべきである。

Ⅰ　事案の概要

裁判所　さいたま地方裁判所第４民事部（平成22年（行ウ）第29号）

当事者　原告　甲野株式会社

　　　　被告　埼玉県（処分行政庁　埼玉県知事）

判決主文「埼玉県知事上田清司が原告に対して平成22年８月６日付でした特定商取引に関する法律第57条１項の規定に基づく原告の行う業務提供誘引販売取引に関する業務の一部を停止する旨の命令処分（指令消費第２４９号）を取り消す」

1　〝行政指導〟に対する原告会社の改善と本件処分に至る経緯

被告の原告会社に対する対応は、最初から、「原告会社の取引が業務提供誘引販売取引に該当することを認めよ」ということで終始し、個々具体的にその内容を示すなどして原告に説明し、〝指導〟するというものではなかった。

そもそも、特商法は非常に難解な法律であり、素人はおろか専門家でも理解が容易ではない法文である。実際、処分行政庁の担当者でさえ、特商法の条項を正確に理解しているとは思えなかった。例えば、特商法51条の業務提供誘引販売取引の「定義」に照らして、原告の業務の全部が特商法に該当するのか、それとも一部なのか、一部であればどの部分が該当するのか、被告は原告会社に対し明確に説明ができなかった。被告担当者の言辞によれば、業務の一部でも業務提供誘引販売取引に該当すれば、原告会社のすべての取引が特商法の業務提供誘引販売取引であるかのようであった。その上で、原告に対し無条件に原告の取引の全部が業務提供誘引販売取引であることを認めよ、と迫るという態度に終始した。

また、被告は、「特定商取引に関する法律の解説　平成21年版」（消費者庁取引・物価対策課、経済産業省商務情報政策局消費経済政策課編）の［商事法務］の解説部分を金科玉条にして、当該解説の一字一句にでも違えば、原告会社の広告（55条、54条）、契約概要書（55条1項の概要書面）、入会契約書（55条2項の契約書面）のすべてが法に違反するのだといわんばかりの姿勢であった。

原告は、その業務の全部が特商法に該当するのか、それとも一部なのか、一部であればどの部分が該当するのか、被告でさえ明確に説明できないのに、無条件、無制限に丸呑みで認めよと言われても、即答できなかったのであるが、それは、当日の原告会社の立場としては当然ではなかろうか。しかし、被告の原告に対する言辞は、前述したように、ほとんど強要といっても言い過ぎでないようなひどいもので、到底〝行政指導〟という名に値するようなものではなかった。

要するに、本件業務停止命令に至る経緯には、次のような特徴的な動向があった。

①被告の終始権力的な言辞、②被告の原告に対する具体的指導が一切なかったこと、③報告徴収の期限の極端な短さ、④２００１（平成13）年に遡っての数千名の会員に対する法定記載事項を満たす概要書面や契約書面の交付要求、⑤同時期の神奈川県の懇切丁寧な行政指導とはまったく違って、原告を終始突き放したやり方、⑥原告提出にかかる弁明書及び弁明補充書提出からほとんど間がない短時日での業務停止命令発

動、⑦業務停止命令の文言が、弁明の機会の付与の文言とほとんどまったく同じで、あらかじめ、その発動が準備されていたと考えられること等々。

これらのどれをとっても、本件業務停止命令は、原告会社を「悪質会社」と決め付け、スケープゴートにしての〝結論ありき〟のものだったのではないか。それでは、なぜ、被告行政庁が、原告会社に対するそのような理不尽な言動に終始したのであろうか。その理由としては、担当者の権力的志向という個人的資質もさることながら、行政の点数稼ぎがあったのではないか、と忖度せざるを得ないほどひどい行政の対応であったと考えている。

ひるがえって、被告処分行政庁の行政〝指導〟を受けていた２０１０（平成22）年４月頃、原告会社は、神奈川県から、同じ特商法に違反する疑いが指摘され、個々的に細かく指導を受けた。原告会社は、神奈川県からこのような具体的指導を受けて初めて法違反の疑いについての理解をし、その指導に従って誠心誠意の対応をなして改善に改善を重ねた。なお、原告代理人（伊佐山）の法律事務所で何度も協議を重ね、改善に努めたという経緯がある。

しかるに、被告行政庁は、原告会社の真摯な改善努力を一顧だにせず、一気に業務停止命令を発動したと言わざるを得ないもので、その権力的志向のひどさには驚きとともに嫌悪感を催したほどである。

2　本件業務停止命令の概要

２０００（平成12）年8月6日付で処分行政庁が発動した業務停止命令の概要は以下の通りである。

（１）命令の内容

会社は、２０１０（平成22）年8月10日から２０１１（平成23）年2月9日までの間（6か月間）特商法第51条第1項に規定する業務提供誘引販売取引に係る次の業務を停止すること。

(ア)業務提供誘引販売取引についての契約の締結について勧誘すること
(イ)業務提供誘引販売取引についての契約の申込みを受けること
(ウ)業務提供誘引販売取引についての契約を締結すること

（２）命令の原因となる事実

(ア)会社（原告）は、東京都○○区▽▽○丁目○番○号に本店を置き、事業上の通称名として「○▽運送連合会」を使用し、埼玉県内において、軽貨物自動車の販売のあっせんを行い、当該軽貨物自動車を利用する運送業務のあっせんを行い、その業務に従事することにより得られる利益を収受しうることをもって相手方を誘引し、その者と軽貨物自動車の購入代金及び入会金等の取引料の負担を伴う当該軽貨物自動車の販売のあっせんに係る取引を行っている。（略）

(イ)会社が行っている業務提供誘引販売取引について調査したところ、以下の事実が認められた。

a　広告において、「現況月例40万円〜50万円以上可」「月収25万円〜50万円可能」「仕事多数紹介します」などと表示していた。しかし、会社は実際には大半の会員の収入を把握しておらず、また広告記載されたような収入を得ることができない者が多数いるなど記載には根拠がないものであった。

なお、右記広告表示（「月収25万円〜50万円可能」「仕事多数紹介します」）について、特定商取引法第54条の２に基づき、その裏づけとなる合理的な根拠を示す資料の提出を求めたところ、会社から提出された資料は、当該広告表示を客観的に実証した内容ではなく、また、会社が追加で提出した資料において、会社は実際に収入を「把握していない」と申し述べている。

このことから、特定商法第54条の2の規定に基づき、特定商取引法第54条の規定に基づく特定商取引に関する法律施行規則第42条第2号に規定する業務提供利益に関する事項について著しく事実に相違する表示であるとみなす。これは特商法第54条の規定に違反する。

b　会社は、業務提供誘引販売取引について広告するにあたり、当該広告に、当該業務提供誘引販売取引業に関する商品又は役務の種類、商品の購入金額、当該業務提供誘引販売取引に関して提供し、又はあっせんする業務について広告する場合のその業務の提供条件、業務提供誘引販売業を行う者の氏名又は名称、住所及び電話番号、商品名について、特商法施行規則で定めるところにより正しく表示していなかった。これは特商法第53条の規定に違反する。

c　会社は、業務提供誘引販売取引に伴う特定負担をしようとする者とその特定負担についての契約を締結するまでに、その業務提供誘引販売業の概要について記載した書面を一部の取引の相手方に交付しなかった。

また、会社は、一部の取引の相手方に交付した当該書面に、割賦販売法に基づく抗弁権の接続に関する事項及び書面の内容を十分に読むべき旨の赤枠赤字の記載について、正しく記載していなかった。

さらに、会社は、業務提供誘引販売契約を締結した場合において当該契約の相手方に交付した書面の一部又は全部に、商品の種類及びその性能若しくは品質に関する事項、業務の提供又はあっせんについての条件に関する事項、当該業務提供誘引販売取引に伴う特定負担に関する事項、当該業務提供誘引販売契約の解除に関する事項、当該業務提供誘引販売業を行う者の氏名又は名称、電話番号、当該業務提供誘引販売契約の締結を担当した者の氏名、契約年月日、商品名及び商品の商標又は製造者名、割賦販売法に基づく抗弁権の接続に関する事項、書面の内容をよく読むべき旨の赤枠赤字の記載について記載がない又は正しく記載していなかったほか、契約の解除に関する事項及びその他の特約に関する事項について、特定商取引法施行規則第45条第１項に定めるところにより正しく記載していなかった。これは、特商法第55条第１項及び第２項の規定に違反する。（略）

(ウ)右記に示した通り、会社の行っている業務提供誘引販売取引は、特商法第53条、第54条、第55条第１項及び同条第２項の規定に違反する行為を行っており、業務提供誘引販売取引に係る取引の公正及び購入者等の利益が著しく害されるおそれがあると認められる。

Ⅱ　本件の争点と原告・被告の主張

1　本件の主たる争点

特商法は57条１項で、処分行政庁（本件では主務大臣から委任を受けた埼玉県知事）は、１年以内の期間を限り、業務提供誘引販売取引の全部又は一部を停止すべきことを命令することができる旨を定めている。

そしてその要件として、

（1）業務提供誘引販売業を行う者が53条、54条若しくは55条の規定に違反したこと

（2）その場合において業務提供誘引販売取引の公正及び業務提供誘引販売取引の相手方の利益が著しく害されるおそれがあると認めるとき

との二つの要件を定めている（傍点筆者）。
（１）の要件については、過去に違反があったことについては原告も認めているので争いはない。そうであるところ、原告は改善に改善を重ねて２０１０（平成22）年８月６日付業務停止命令処分時においては、違反はなかったと主張したのに対し、被告は業務停止命令時においても違反があったことを主張しているので、この点については争いがある。

２　業務停止命令は適切か

本件でもっとも重要な争点の一つは、（２）の要件である。

このことについては業務停止命令が発せられる前の段階で原告はその弁明書において、（１）について裏づけとなる資料を添付して法違反のないよう改善したことを主張・立証し、（２）については、わかりやすいように、次のとおり主管行政庁の解説・見解を示して、本件はこれに該当しないことを明らかにする等して、業務停止命令を出すことのないよう処分行政庁に求めた。

すなわち、「特定商取引に関する法律の解釈　平成21年版」（前出）は、同法57条１

項について、次のように解説している。

「『業務提供誘引販売取引の公正及び業務提供誘引販売取引の相手方の利益が著しく害されるおそれがあると認めるとき』とは、本法に違反する行為を放置しておくことが業務提供誘引販売取引の公正及び業務提供誘引販売取引の相手方の利益の多大な損害につながると思料される場合を指す」（336頁、傍点筆者）

本件において、原告は、同法違反の事実を放置することなく、右記の通り、改善に改善を重ねたものである。したがって、この主管行政庁の解説・見解に拠るならば、同法57条1項の業務提供誘引販売取引を停止すべきことを命令することができる要件の（2）に該当しないこととなり、同停止命令を発することは法律上不可能となるべきものである。

しかし、処分行政庁は、この指摘を一顧だにせず業務停止命令に踏み切った。通常、行政庁は、主管行政庁の見解をほぼその通り採用して行政を行なうのであるが（それはある意味好ましくないものであるが）、本件に関する限りまったくこれを無視し、業務停止命令が発せられたのは（同解説に「個々の実態に照らして判断する」との付言はあるにせよ）原告にとってはまったく不可思議なことであった。

３　裁量権の逸脱・濫用の有無

原告は予備的に本件処分について裁量権の濫用があると主張し、被告はこれを否定する主張をした。

４　争点のまとめ

（１）特商法違反の有無
(ア)法53条（広告の表示）、及び54条（誇大広告の禁止）
(イ)法55条１項（概要書面の交付）について
(ウ)同条２項（契約書面の交付）について
（２）（１）のそれぞれについての「おそれ」の有無
（３）裁量権の濫用の有無

Ⅲ　被告の主張と原告の主張

右記「争点のまとめ」について、条文の順序にしたがって、原被告双方の主張の要点を判決文の記載の通り列記し、項目ごとに論評する。

１　特商法違反事実の有無

「(被告の主張)

（1）本件取引として行っている取引は、特商法の業務提供誘引取引販売に該当するところ、原告は、平成20年４月ころから平成22年４月ころまでの間、前記の通り特商法53条、54条、55条１項及び２項に違反する行為をした。

（2）特商法に違反した場合とは過去の違反行為を指すものであることは、特商法57条１項の文理上も、処分の前提となる違反事実は当該処分に先行して調査を行う時点の事実関係とならざるを得ないことからも明らかである。行政処分を発する直前の時点で違反行為ないし違反状態が継続していることを事実として認定することは現実的に不可能であり、処分の対象となる違反事実は、弁明の機会付与の前に行われた違反行為とならざるを得ない。よって、本件業務停止命令の原因となる特商法違反事実は、前記の通り平成20年４月ころから平成22年４月ころまでの期間における違反事実で足りる」

右記被告の主張に対し、原告は「原告がすべて誠実に改善を施したことを無視して、本件業務停止命令処分の2年以上も前に遡ってのはるか昔の〝過去の事実〟を羅列しているものであって、まったく的外れの答弁といわざるを得ない」と準備書面で反論し、さらに以下の通り主張した。

「(原告の主張)
原告は、以下の通り、広告の表示や、入会契約書(契約書面)及び概要書面の不備について全面的に改善し、その結果、本件業務停止命令の時点で、原告に特商法違反の事実はなくなっていた。
(1) 広告の表示について
(ア)原告は、特商法53条違反事実については、新たに「広告表示」の指針を作成し、埼玉県知事が指摘する広告にかかる違反事実については改善されている。(略)
(イ)特商法54条違反の疑いについては、(略) あらためた。
(2) 概要書面について

特商法55条1項違反の疑いについては、原告はすでに平成21年12月から全国の営業所において概要書面を交付しており、埼玉県知事の指摘時は不交付の状態ではなかった。

（3）契約書面について

特商法55条2項違反の疑いについては、原告は平成21年12月及び平成22年4月の2度にわたって入会契約書の改訂を行った。（略）さらに神奈川県の指導により、法には規定のないクーリング・オフをする際のはがきの書き方まで記載し（略）ている」

右記主張（主張の全文は判決文参照、以下同じ）でわかる通り、原告は、処分行政庁が具体的な指導をしない状況下において神奈川県の懇切丁寧で具体的な指導を受けて改善に改善を重ねたものであり、同改善により神奈川県からは何の処分もお咎めも受けなかったものである。これに反し処分行政庁はそれらの改善の事実をまったく無視して、あえて処分に及んだものである。

２　特商法57条１項に規定する「おそれ」の有無

「（被告の主張）

（略）（「おそれ」の）判断の前提となる違反事実は過去の事実というべきであり、それは処分行政庁が当該違反者に同事実を指摘した以降の事実等を総合的に判断すべきことになる。本件において埼玉県知事は以下の事実を考慮して、上記「おそれ」を認めたのであって、裁量権を濫用し裁量の範囲を逸脱したことはない

（１）原告は、（略）相手方に対し改めて法定記載事項を充たす書面を再交付した事実もないし、広告規制違反の広告が掲載された効果（略）を除去する措置もとっていない。（略）

（２）原告は埼玉県知事の指摘した事項を改善したというものの、改善したとは認められないか、不十分であった。（略）

(ア)広告の表示について

ａ　原告は、本件業務停止命令の直前まで、埼玉県内で配布した募集広告において、「現況収入例25万～35万円以上可」や「現況月収例25万～35万円以上可　２００９年度の実績を基にしています」との表示を続けていた。しかし、原告は大半の会員の収

入を実際には把握していなかったのであるから、こうした収入見込みを記載する誇大表示は何ら改善されていない。（略）

b　原告は募集広告に登記簿上の法人名を掲載するよう対応したが、業務提供利益及び業務提供条件の表示は改善していない。（略）

(イ)概要書面について

原告は、平成21年12月以降は概要書面を作成し交付するようになったが、（略）会員が希望した場合に月にどの程度の頻度で業務が提供されるのか、あるいは会員が希望しても一定の回数や頻度等を紹介することは約束できないのかといった業務提供条件のポイントとなる原告の債務内容は表示されていない。

(ウ)契約書面について

原告は、入会契約書に、（略）という記載を加えたが、会員が希望した場合に月にどの程度の頻度で業務が提供されるのか、あるいは会員が希望しても一定の回数や頻度等を紹介することは約束できないのかといった業務提供条件のポイントとなる原告の債務内容は表示されていない。

（３）違反事実が多数存在し、違反期間も長期に渡っている。

特商法57条1項における「（略）おそれ」の存在は、これまでの事業者の活動の態様、違反行為の質や件数、違反期間、調査手続の過程なども総合的に踏まえて判断されるものであるところ、原告の違反事実は多数存在し、かつ違反行為が長期に渡っており、埼玉県知事が原告に対し特商法違反の疑いのある事項を指摘したり、報告徴収の手続をしたりしていたにもかかわらず、原告は何ら改善されていない広告をその後も繰り返し配布していたのであって、かかる事実は、今後も違反行為を繰り返すおそれが強いものと判断するにおいても、看過できない重大な事情であった」

被告は「おそれ」の有無の判断に絡めて「原告が弁明書で主張した改善措置は特商法に照らして改善とは認められないか、不十分なものであった」と主張し、広告の表示その他について違反ありと累々記述し「違反事実が多数存在し、違反期間も長期に渡っている」としている。しかし、自らが改善措置について具体的な指導をまったく行っていないことの自省、反省が見られないこともさることながら、その主張は事実において誤認があり、かつまた法令の解釈を誤っている主張である。このことは、後記の通り判決により、法違反もあり、「おそれ」もあり、と認定されたものは右記条項の記述のうち広告に関する1点のみであることからも明らかである。
しかも、その1点についても裁量権の濫用とされたのであり、被告の主張がまったく空疎なものであることは明らかといえよう。

「(原告の主張)
原告は上記の通り埼玉県知事の指摘する事項については改善しており、したがって特商法57条1項規定の「おそれ」はないのであって、本件業務停止命令はその要件を欠くものである。なお被告は、同「おそれ」の認定につき裁量権がある旨主張するが、仮に裁量権があるとしても違反事実が改善された後に「おそれ」を認定することは裁量権の濫用というべきである」

原告は、主位的に処分の要件（2）の欠缺を主張し、予備的に裁量権の逸脱・濫用を主張した。
そして、後者に関しては、上記判決文記載の違反は改善されたにも関わらず、違反ありとした等の事実誤認による裁量権の濫用を比例原則違反、平等原則違反等を理由とする濫用とあわせて主張した。判決は、処分行政庁が改善事実を確認せず処分を行ったことについて裁量権の濫用がある、と正当に判断したものである。

Ⅳ　判決の内容

１　裁判所の判断

右記のような双方の主張について、判決は条文の順序で以下の判決文の通り判断した。

「(1)　広告の表示（特商法53条及び54条違反）について

(ア)　（略・特商法53条３号、規則41条２項２号の説明）

前提となる事実によれば、原告は、平成20年５月の広告にはあっせんする業務について『お仕事は専属固定先を１００％継続的にご紹介します』などと表示していたところ（乙12の１）、平成22年８月１日の広告には、原告があっせんする業務につき「仕事は○○○が紹介します」との表示のほか、紹介する仕事や報酬について「完全出来高制」と表示したものの、一定期間内に業務をあっせんする回数については表示されていないことが認められる（乙9の3）。そうであれば、あっせんについての条件に係る重要な事項についての表示がないことにあたり、特商法53条3号に違反するものといえる。

(イ)（略・特商法53条3号、規則41条2項3号、特商法54条の説明）

前提となる事実によれば、原告は、入会者の大半につき月収を把握することなく、また中には月収7万3000円にすぎない会員もいたにもかかわらず、平成22年8月1日の広告においても、なお『現況月収例（出来高制）25万～35万円以上可』との表示をしているが、『2009年度の実績を基にしています』とのみ表示していたことが認められる。同表示は、その指標と同等の水準の業務提供利益を実際に収受している者が当該業務提供誘引販売業に関して業務提供誘引販売取引を行った者の多数を占めることを示す数値を表示するなど、業務提供利益の見込みについて正確に理解できるように根拠又は説明を表示しているとはいえないし、その根拠も明らかではないので、著しく事実に相違する表示をし、又は実際のものよりも著しく優良であり、もしくは有利であると人を誤認させるような表示といわざるを得ず（特商法54条）、原告は、この点において特商法53条3号、規則41条2項3号及び特商法54条に違反しているものということができる。

（2）概要書面及び契約書面について

(ア)要書面（特商法51条1項違反）について

（略・特商法55条1項、規則43条1項4号の説明）かかる記載では、業務のあっせんの条件に関して明確でない面があることは否定できないが、特商法55条1項及び規則43条1項4号は、概要書面については契約書面と異なり業務のあっせん等の条件に関する「重要な事項」を明記すべきことを定めているのみであり、契約書面ほどには同事項について詳細な記載を要求していないということができることからすれば、前記のような契約概要書（概要書面）の記載は特商法55条1項に違反するものではないというべきである。

(イ)契約書面（特商法55条2項違反）について

（略・特商法55条2項、同項2号、規則45条2項の表一のロの説明）前提となる事実によれば、原告は、契約書面に、『甲が乙に紹介する請負先の請負条件並びに業務内容は乙が選択する企業及び配送種類によって全て異なるため、乙の希望する業務内容・配送種類・請負条件などの全てを満たすものとは限らない』という記載を加えたものの、会員が希望した場合に月にどの程度の頻度で業務が提供されるのか、あるいは会員が希望しても一定の回数や頻度等を紹介することは約束できないのかといった点の記載がないこと（証拠略）が認められる。かかる記載によっては、業務のあっせんの条件が明確に表示されているとはいえないから、原告は特商法52条2項2号及び規則45条2項の表一の口に違反しているといえる」

右記判旨は、広告と契約書面について違反ありとしたが、概要書面については違反なしと判断した。その判断は、「かかる記載では、業務のあっせんの条件に関して明確でない面があることは否定できない」としながらも「特商法55条1項及び規則43条1項4号を精査、観察し、同条項は「概要書面については契約書面と異なり業務のあっせん等の条件に関する『重要な事項』を明記すべきことを定めているのみであり、契約書面ほどには同事項について詳細な記載を要求していないということができる」とし、そのことからすれば、「前記のような契約概要書の記載は特商法55条1項に違反するものではないというべきである」と判断したものである。

往々にして行政庁はこのような条文の精査、観察を怠り、他に違反があれば同様に理由を十把一からげ的にまとめて違反ありとして処分することがあるが（本件処分はそのことを想起させる事例である）、そして裁判所も往々にしてそのような流れに乗ってしまうことがあるが、このような条文の精査観察こそ行政訴訟に携わる裁判所としての基本的姿勢であるべきである。筆者はこのような基本的姿勢を堅持したさいたま地方裁判所裁判官に敬意を表するものである。

「(3)　以上の通り原告は、広告の表示につき特商法53条3号及び同法54条違反、契約書面につき同法52条2項2号違反をしている。そこで、原告の上記行為について同法57条1項に規定する「おそれ」が認められるか検討する。

(ア)広告の表示について

原告は平成22年8月1日の広告における収入の表示について、『現況月収例（出来高制）25万～35万円以上可』『2009年度の実績を基にしています』との記載をしており、その指標の根拠となる数値を表示するなど業務提供利益の見込みについて正確に理解できるように根拠又は説明を表示しているとはいえない。（略・収入の表示は、広告を見た者が本件取引に誘引される最も大きな要因となる等の説示）この点において、本件業務停止命令の直前である平成22年8月1日の時点では、特商法57条1項に規定する「おそれ」があったことが認められる。

一定期間内のあっせん回数等の表示についてては、仕事量及び報酬に影響を与える事項であるものの、この事項の表示がないことによって直ちに消費者が不当に本件取引に誘引されるとはいえず、したがって、この点についてては、特商法57条1項の規定する「おそれ」があると認めることはできない。

(イ)契約書面について

業務のあっせん条件や、一定期間内に業務をあっせんする回数について契約書面に記載がないことに関してては、業務をあっせんする回数は仕事量や報酬に関する情報の一つにすぎず、『かかる記載がなくても、前記の通り仕事の内容や完全出来高制であることは理解できるから、消費者が不当に本件取引に誘引されるとは考え難い』そうすると、上記記載がないことにより業務提供誘引販売取引の公正や業務提供誘引販売取引の相手方の利益を著しく害するおそれがあるとはいえない。したがって、この点においてては特商法57条1項に規定する「おそれ」の存在は認められないというべきである」

広告の表示に関し、「平成22年8月1日時点では『おそれ』があった」とする判旨は原告もうなずけるものである。けだし同日付の広告は、8月2日弁明書提出前のものであり、改善が完成に至る前のものだったからである。

その次の週の8月8日の広告では「25万～35万円以上可」といった金額の表示は一切せず、下記（報酬完全出来高制）の通り、完全出来高制の表示のみとしてある。そして、そのような改善については弁明書において処分行政庁に通知済みなのである。

右記改善後は違反もなく「おそれ」もなくなったことは自明である。処分行政庁はその確認を怠って、あえて早々に8月6日付で本件業務停止命令処分をなしたものであり、その裁量権の濫用は明らかといわなければならない。

契約書面については「『おそれ』の存在は認められない」と正当な判断がなされた。

判旨は、違反事実（記載がないこと）は認定しながらもその内容や取引の相手方（消費者）からみた記載の重要性の有無、軽重の度合いを精査勘案し、「かかる記載がなくても、前記の通り仕事の内容や完全出来高制であることは理解できるから、消費者が不当に本件取引に誘引されるとは考え難い」とし、「そうすると、上記記載がないことにより業務提供誘引販売取引の公正や業務提供誘引販売取引の相手方の利益を著しく害するおそれがあるとはいえない」と判断し、「したがって、この点においては特商法57条1項に規定する『おそれ』の存在は認められない」としたものである。

このように形式のみにとらわれず、実質的に事態を観察し精査勘案することは、行政訴訟に携わる裁判所としての基本的姿勢であるべきである。

この点においてもこの姿勢を堅持した裁判官に筆者は深く敬意を表するものである。

2　裁判所の「裁量権の濫用」の判断

右記の判示は、概要書面については特商法違反なし、契約書面については、違反はあるが「おそれ」はないとし、広告についてのみ違反、「おそれ」ともにあるという判断であった。そこで残るのは広告について裁量権の濫用の有無の問題である。このことについては、判決は以下のように判示した。

「争点（3）（裁量権の濫用の有無等）について

前記の通り、原告は平成22年8月1日の広告において「現況月収例（完全出来高制）25万~35万円以上可」「2009年度の実績を基にしています」と表示し、かかる特商法53条及び54条違反の表示によって業務誘引販売取引の公正及び取引の相手方の利益が著しく害されるおそれがあったものということができる。

しかしながら、原告が同月2日に埼玉県知事に提出した弁明書には、広告記載金額について前年度の金額に基づいて金額を表示することを基本とし、この実績が取れない場合は金額表示はしないことに改めたと記載され、資料として記載方法を示した資料が添付されていたのであり、その後の同月8日に発行を予定していた広告には、月額報酬の表示はされなかった。かかる経緯からすると、埼玉県知事は、同月2日に原告が月額報酬の表示の訂正を予定していることを知悉していたのであるにもかかわらず、改訂が実際にどのようになされるかについて確認することなく本件業務停止命令を発したものといわざるを得ない。そして、現実に予定されていた同月8日の広告の表示が特商法53条同法54条の規定に反するものともいえない。また、苦情相談件数を見ても本件業務停止命令が発せられた平成22年度について明らかでなく（なお、それ以前の苦情相談……も不明である)、その確認ができないほど放置できない事情があったものとも認められない。そうであれば、埼玉県知事が、弁明書の内容を考慮せず、広告の表示について訂正が行われるか否かを確認することなく本件業務停止命令を発したことには裁量権の濫用がある」

右記の判決文を読んだ人、国民・民衆は、「なんで処分行政庁埼玉県知事は、弁明書で事前に改善が知らされていた数日後発行の広告を見ないで、業務停止命令処分を発したのだろうか」といぶかる人が多いのではなかろうか。

今少し詳しく述べると、判決は、前記の通り8月1日現在の広告表示に特商法違反を認め、かつ、「おそれ」があった、としたうえで、「原告が同月2日に埼玉県知事に提出した弁明書には、広告記載金額について前年度の金額に基づいて金額を表示することを基本とし、この実績が取れない場合は金額表示はしないことに改めたと記載され、資料として記載方法を示した資料が添付されていたのであり、その後の同月8日に発行を予定していた広告には、月額報酬の表示はされなかった」との事実を認定し、「かかる経緯からすると、埼玉県知事は、同月2日に原告が月額報酬の表示の訂正を予定していることを知悉していたのであるにもかかわらず、改訂が実際にどのようになされるかについて確認することなく本件業務停止命令を発したものといわざるを得ない」と指摘し、「現実に予定されていた同月8日の広告の表示が特商法53条同法54条の規定に反するものともいえない」、「苦情相談件数を見てもその確認ができないほど放置できない事情があったものとも認められない」とし、結論として「そうであれば、埼玉県知事が、弁明書の内容を考慮せず、広告の表示について訂正が行われるか否かを確認することなく本件業務停止命令を発したことには裁量権の濫用がある」と、本件業務停止命令について裁量権の濫用があると断定したものである。

この判示は、事実の点でも理論の上も、まったく妥当かつ正当なものであり、前記普通の国民・民衆の感覚にも沿う、すぐれた判断といえよう。

3　裁判所の結論——裁量権の濫用認定

右記の判断から判決は

「よって本件業務停止命令には、埼玉県知事が裁量権を濫用した違法があるといわざるを得ない。

結論

以上の通りであるから、本件業務停止命令は違法である。よって、原告の請求を認容することとし、主文の通り判決する」

と、被告・処分行政庁埼玉県知事の原告に対する業務停止命令処分を取消したものである。

一般に行政事件で勝訴するのはなかなか困難であるといわれている。

旧来から「お上」と言われるように行政庁に権威があるように思われ、行政処分に「公定力」があるなどと言われている。そのような背景のある中で、法令上の権限、権力を有す行政庁の判断を一般国民・民衆が覆すことは困難度が非常に高い。それに加えて現今の裁判所の風潮は「行政追随」と言われるように、行政庁の判断を尊重ないし追従することが少なくないように見受けられる。本件はそのような風潮、情況の中で司法府・裁判所としてのあるべき基本的姿勢を貫いた、すぐれた判決ということができよう。

Ｖ　三つの勝因

このケースで業務停止命令を取消すという画期的な判決を勝ち得た勝因には三つあると考える。

1　第1の勝因——あまりにひどい処分行政庁の対応

被告処分行政庁は原告会社に対して、終始、権力的であり、行政〝指導〟をせず、最初から業務停止命令発動を決めていたと思われるほどひどい対応であった。

2　第2の勝因——同時期の神奈川県の懇切丁寧な行政指導

同時期に神奈川県の懇切丁寧な行政指導（神奈川県庁の穏やかな行政指導と原告会社の誠実な対応・改善）がなされ、被告処分行政庁とは行政姿勢が対照的であったことが掲げられる。少し詳しく紹介する。

原告会社は、先に、神奈川県県民局くらし文化部消費生活課（消生第15号）から、法55条2項規則44、45条により、「契約書面の記載事項について」及び法55条第1項規則43条1項により、「概要書面の記載事項についての意見」と題する書面及び口頭により各個々具体的な指導を受けた。原告会社は、この指導に対し、それぞれの書面について法の趣旨に沿うように抜本的に見直し全面的な改善をなした。

神奈川県から個々具体的に指摘を受けた指導内容は、口頭による外上記各書面に詳記して交付された。これは従前の原告会社の「入会契約書」及び「契約概要書」に対する問題点の指摘であった。その趣旨は、「○」（問題なし）「×」（不記載、不備又は不適切）「△」（改善の余地あり）の3種類の指摘であった。

そこで、原告会社は、前述の通りこの神奈川県の行政指導に従い、「×」の箇所については、全面的に追加修正又は改善をなし、「△」の箇所についても、指導の趣旨に則り、抜本的な改善をなした。「問題なし」といわれた箇所についても、さらに文章の修正を加えるなどした。

（1）入会契約書（契約書面）の改善

まず、「契約書の法定記載事項」（法55条2項規則44条、45条）に関して、従前の契約書に記載が欠落していた部分の不備又は不適当の指導を受けた。

業務の量」。

(ア)法55条2項2号、規則45条2項1の、ロ「1週間、1月間その他の一定の期間内に提供し、又はあっせんする業務の回数又は時間その他の提供し、又はあっせんする

(イ)法55条2項4号、規則45条2項3のうち、以下の4項目については、いずれも契約書に明記することの必要性を指摘された。（略）

(ウ)法55条2項5号、規則44条2号「契約を締結した担当者の氏名」及び6号「割賦販売法第2条第2～4項に規定するローン提供業者又は包括信用購入あっせん業者若しくは個別信用購入あっせんに係る提供の方法により、商品販売又は役務の提供を行う場合は、クーリング・オフ、取消し、瑕疵担保責任による解除等の抗弁事由がある場合、その事由をもって対抗し、支払い請求を拒むことができること」についても、契約書の中に記載するように行政指導を受けた（但し、規則44条2号の「契約を締結した担当者の氏名」については、従前の入会契約書にも記載があったもので、この点は誤解であったことにつき双方で確認している）。

これら3項目にわたる個別具体的な指導に対し、原告会社は、全面的に従前の入会契約書の記載をあらため、記載の欠落していた部分について新たに追加記載し、内容が不十分なところは補充した。その他、入会契約書に関して、改善の余地ありとして指摘された「△」の7箇所についても抜本的に改善した。それが新「入会契約書」である。

このことに関し、特に下記の点について付言する。

a　まず、新入会契約書第11条の（無条件の契約解除「クーリング・オフ」）の規定について、5項にわたる詳細な条項を定めた。そしてその後に、「ハガキでのクーリング・オフ文例」を記載した。これは、神奈川県県民局くらし文化部消費生活課の指導に基づいて明記したものであるが、法の求める以上に、消費者の保護のために特記したものである。

b　次に、（無紹介による退会）の条文を新たに設け、原告会社の責任による退会を明記した（第13条）。これは、「会員が新規に入会し、仕事紹介を希望する場合において第9条1項により報告にあった稼動開始日から2か月間に、会員の責によらず会員に対して希望内容を考慮し、請負内容書を提示した仕事の紹介が一度もなされないときは、会員が退会を希望する限り退会を認める。その際は、会員が会社に書面により通知することで退会することができる」（1項）とするものである。この場合、「第1項による退会がなされたときは、会社は、会員に対し、入会金及び互助会費・取引先倒産補償制度・積載貨物補償制度の受領金額の全額を退会日の翌月20日までに返却する」（3項）としたものである。法はここまでは要求していないと解されるが、神奈川県の指導に則り消費者（会員）の利益保護のため、敢えてこれらを明記したものである。

c　三番目に、会員の自己都合による退会の場合のペナルティを削除した点については、従前の会社の入会契約書では、（退会）の条項に、（前段）「会員は、退会につき会社から紹介された企業先との即刻契約解除しなければならない」とし、（後段）「会員がこれに違反した場合は、退会後に企業先から支払われた請負金額を損害金とみなし、100万円を上限金額として会員は会社にその3か月分を支払うものとする」（14条4項）としていたが、新入会契約書では、この前段の部分について、「会員は会社から紹介された請負先企業との契約を退会月の末日までに解除し、会社に対し請負先企業の返却をしなければならない」に修正し、又後段の記載を削除した（14条

3項（3））。

従前の入会契約書で、この後段の規定を定めていたのは、会員が退会後も会社に内緒で荷主と運送業務をなし、これによって受ける請負金を取得することは不正利得であるから、このようなケースの場合、会員が会社に対しペナルティを支払うのは、むしろ当然の法的処理であり、この処理は決して不当なものではないとの考えに基づいたものであった。法解釈としては、この処理方法に誤りはないと考えられるが、神奈川県の行政指導により、できれば削除が望ましいとの指導に従い、新入会契約書の条項から全面的に削除したものである。

（2）契約概要書（概要書面）の改善

次に、「概要書面記載事項」について、法55条第1項規則43条1項に関して、次の7項目について、不記載、不備又は不適当（×）の指摘をされ指導を受けた。

(ア)「商品の種類・仕様・品質に関する重要な事項」

(イ)「事業者がクーリング・オフに関して不実を告げたことにより誤認し、又は事業者が威迫したことにより困惑しこれらによってクーリング・オフを行わなかった場合には、クーリング・オフ妨害のための解消のための書面を受領して20日間は書面によりクーリング・オフできること」

(ウ)「事業者は、入会者に対し契約解除に伴う損害賠償又は違約金の支払いを請求することができないこと」

(エ)「入会者が契約の解除を行う旨の書面を発した時にクーリング・オフの効力を生じること」

(オ)「クーリング・オフがあった場合において、その契約に係る商品の代金の支払いや役務の対価の支払い、取引料の提供が行われている場合、事業者は速やかにその金額を返還すること」

(カ)「退会の条件等について」

(キ)「業務提供誘引販売業を行う者との間で、クーリング・オフ、取消し、瑕疵担保責任による解除等の抗弁事由がある場合、割賦販売法第2条第2～4項に規定するローン提供業者又は包括信用購入あっせん業者若しくは個別信用購入あっせんに対し、その事由をもって対抗し、支払い請求を拒むことができること」

これら7項目にわたる個別具体的な指導に対し、原告会社は、これら行政指導に則り、全面的に従前の契約概要書を修正ないし補充した。その他、契約概要書に関して、改善の余地ありとして指摘された「△」の6箇所についても抜本的に改善した。それが新「契約概要書」である。

（3）広告表示の改善

さらに、広告表示、誇大広告についても、神奈川県は、契約書面、概要書面のような書面の交付はなかったが、行政指導担当者から口頭で、具体的かつ懇切な指導を行った。原告は、その指導により、従来の広告を全面的に改め、具体的な表示方法を決定し改善した。例えば、金額表示については、「金額例を表示する場合は、直近1年間、月22日―25日稼動している地域会員の平均収入金額を明記する・その場合は、数字の下に『○○年度の実績を基にする』を記載する。これが不可能である場合は、全額表示はしないこと」として、神奈川県の指導に従い改善したのである。

（4）神奈川県の行政指導と原告会社の誠実な改善

原告会社は、神奈川県から、契約書面、概要書面、広告、誇大広告について右記のような、個別具体的な指導を受け、それら指導に従って、全社的に専門のスタッフを特設し、前述の通り、指導に沿って改善対策を行ない、全面的な改善をなしたものである。

そして、神奈川県は、原告会社のこれらの改善措置を是とし、その行政指導は終了した。もちろん業務停止命令については、その予告も処分も一切なかったことはいうまでもない。

このようにして、神奈川県の個々具体的な行政指導に従い、原告会社は、誠実に改善に改善を重ね、その成果をもって、被告行政庁に報告した。

ちなみに、このような具体的な行政指導は、処分行政庁はまったく行っていない。

３　第３の勝因——遠山廣直裁判長の公正・無私な訴訟対応

裁判官に人を得たこと、これが三つ目の決定的な勝因であろう。

２０１１（平成23）年２月２日、さいたま地裁の遠山廣直裁判長は、本件業務停止命令を違法として取り消す判決をなしたことは繰り返し紹介した通りである。

この判決は、前述の通り、本件に関する原告会社の誠実且つ真摯な努力を予断と偏見なく直視し、処分時において原告の改善の事実を認め、概要書面については特商法

55条1項違反はなく、契約書面については特商法57条1項所定の「業務提供誘引販売取引の公正及び業務提供誘引販売取引の相手方の利益が著しく害されるおそれ」の存在は認められないとした。さらに広告の表示については、埼玉県知事が、原告から2010（平成22）年8月2日に提出された「改めた」との記載のある弁明書の内容を考慮せず、広告の表示について「訂正が行われるか否かを確認することなく本件業務停止命令を発したことに裁量権の濫用がある」として本件処分を違法として取り消したものである。

原告は、処分時までに違法事実を改善し、処分時において処分理由となるような特商法違反事実すなわち「著しく害されるおそれ」が認められるような違反が存在しなかったことを明らかにした。判決は原告の主張を真正面から認めた。

このことについて今少し敷衍すれば、処分行政庁は原告会社に対し、弁明の機会を付与したのであれば、弁明がどのようになされたか、そしてどのように改善がなされているかを直視確認すべきであった。しかし、処分行政庁は、原告提出の「弁明書」及び「弁明補充書」に目を向けず、確認もしなかったといわざるを得ない。その確認のためには処分時から僅か2日で足りるのに、敢えて強行した本件処分には、要件の欠缺があり、少なくとも裁量権の濫用となるものであったことは明らかである。このことを明確に判断したさいたま地裁遠山廣直裁判長の判決はまったく正当である。司法の正義が貫かれたという意味でも、その公正無私な姿勢と決断は高く評価される。

Ⅵ　その後の展開第2弾——損害賠償請求事件

1　行政の基本姿勢の誤り

被告埼玉県による原告会社に対する業務停止命令を違法として取り消したさいたま地裁の遠山判決を受けて、2011（平成23）年7月7日、原告会社は、埼玉県を被告として、2億1256万2412円の損害賠償請求という第2弾の戦いに入った（さいたま地裁民事4部平成23年（ワ）第2002号　原啓一郎裁判長）。

さて、被告処分行政庁の消費者行政の基本姿勢の誤りについては、第2弾の損害賠償請求の法廷での、原告代理人（小池健治弁護士）と被告行政庁の担当者Aとの法廷でのやりとりに凝縮されている。

担当者Aが、「○○商事さんは、特定商取引法上の業務提供誘引販売取引であることを認めなかったので、具体的な行政指導ができなかった。埼玉県は適法な行政指導は相手がその法律の枠の中にあるということを認めてからスタートするという考え方をとっておりました」と証言した後の、原告代理人（小池）と担当者Ａとのやりとりを紹介する。

原告代理人（小池）　法律の適用があるかないかというのは抽象論ですよね。具体的にどういう被害が生じないようにするか、そのためにどういう具体的な措置が必要か、これが一番重要なんじゃないですか。

Ａ証人　いや、埼玉県としては、特定商取引法上の業務提供誘引販売取引に該当するかしないか、該当するんであれば行政指導の実施は適法で可能であると考えておりました。該当しないというのであれば、任意の行政指導はちょっと難しいという考え方をしておりました。

原告代理人（小池）　任意の行政指導は、その場合、できないんですか。

Ａ証人　行政指導は、御存知の通り、相手方事業者さんの任意の協力のもと進めていくものですから、業務提供誘引販売取引に該当しないというのであれば任意の協力は求めるべくもないというのが埼玉県の考え方になります。

原告代理人（小池）　順々に改善していったことは知っているでしょう。それは。報告書も順次出してますから。そういうことについて目を向けることはなかったんですか。

Ａ証人　まず、業務提供誘引販売取引を認めるか認めないかというところが埼玉県にとっては、適法な行政指導のスタートというところですごい重要であったんです。

この部分を特に紹介したのは、被告処分行政庁が、原告会社に対して、なぜ「業務提供誘引販売取引であることを認めるのか認めないのか」と迫ったのか、なぜ、神奈川県とは違って、被告処分行政庁は具体的行政指導をしなかったのか、そして一気に業務停止命令発動に至ったのか、その理由が、象徴的に明らかになった証言であったと思われるからである。被告処分行政庁の行政姿勢はあまりに偏頗であり権力的であった。

ひるがえって、被告処分行政庁の行政〝指導〟を受けていた２０１０（平成22）年

４月頃、原告会社は、神奈川県から、同じ特商法に違反する疑いが指摘され、個々的に細かく指導を受けていたことについては、前述した通りである。原告会社は、神奈川県からこのような具体的指導を受けてはじめて法違反の疑いについての理解をし、その指導に従って誠心誠意の対応をなして改善に改善を重ねた。しかも、その改善は、原告代理人（伊佐山）の法律事務所で何度も協議を重ね、改善に努めたという経緯がある。

しかるに、被告行政庁は、この原告会社の誠実な改善努力に対する一片の評価も配慮もなく、一気呵成に業務停止命令を発動したことになる。

前段までの紹介の内容からみて、被告処分行政庁の偏頗な権力的志向が顕著であるので、普通の感覚でいえば、原告勝訴はほぼ確実のケースであったといえるのではなかろうか。逆に言えば、原告が敗訴する要因はほとんどなく、この事件の損害賠償請求事件で原告が負けるとすれば、今後、行政事件の損害賠償請求事件で原告が勝てる事件はほとんどないのではないかというほど被告処分行政庁のひどい行政姿勢であったといってよいであろう。

筆者らは、原告会社に対し、結審の後、高い確率で勝訴するであろう、と勝利宣言をしていた。ところが、判決は、先の業務停止命令違法判決を下した遠山廣直裁判長の判断を悉く覆したのである。

「原告がかかる重大な違反を継続し、当該違反を是正することなく、処分行政庁に対しては、本件処分時に至るまで、広告、概要書面及び契約書面の記載につき十分な改善を行ったとの態度をとっていたことを併せ考慮すれば、原告が行政指導に応じて自主的にその業務内容を改善することはもはや期待できず、原告による違反行為を放置すれば、業務提供誘引販売契約の相手方のさらなる損害につながるおそれが高く、業務提供誘引販売取引の公正及び業務提供誘引販売取引の相手方の利益が著しく害されるおそれがあった」

この判示に続けて、右記最後のところに再び言及し、今度は、「業務提供誘引販売取引の公正及び業務提供誘引販売取引の相手方の利益が著しく害されるおそれがなかったとはいえない」と二重否定文言になっている。裁判官の心証は、このような微妙な表現の変化に表れていると言えなくもないのであろう。

また、本件処分が裁量権を逸脱または濫用して行われたか否かについての争点について、「処分行政庁は、本件処分に至るまでの間に原告に関する情報を収集しており、数日間程度の期間においても上記弁明書及び弁明補充書の内容を検討することは可能であったもので、（略）処分行政庁が、上記弁明書及び弁明補充書の内容を考慮することなく本件処分を行ったと認めることはできない」とし、「処分行政庁が、その裁量権を逸脱又は濫用して、原告による改善の事実を考慮することなく事実を誤認して本件処分を行ったということはできない」と判示する。

処分行政庁に対するこれほどまでの好意的判断否行政は間違いを犯さないという先入観による偏頗な判断であると、あえて言及しておきたい。

この判決のどこを読んでも、原告弁護団が問題提起していた被告処分行政庁の数々の違法行政に対する疑問について、ことごとく否定的で、実質的には何一つ答えていないものであった。

さしずめ、この判決は「何を言っても駄目だよ、聞く耳を持たないよ」判決であったと受け止めている。

ちなみに、第一次訴訟の遠山廣直裁判長は、右記の処分行政庁の裁量権濫用を認定し、処分行政庁の処分を違法として次のように言う。

「原告が平成22年8月1日に埼玉県知事に提出した弁明書には、広告記載金額について前年度の金額に基づいて金額を表示することを基本として、この実績が取れない場合は金額表示はしないことに改めたと記載され、資料として記載方法を示した資料が添付されていたのであり、その後の同月8日に発行を予定していた広告には、月額報酬の表示はなされなかった。かかる経緯からすると、埼玉県知事は、同月2日に原告が月額報酬の表示の訂正を予定していることを知悉していたにもかかわらず、改定が実際にどのようになされるかについて確認することなく本件業務停止命令を発したものと言わざるを得ない。（略）そうであれば、埼玉県知事が、弁明書の内容を考慮せず、広告の表示について訂正が行われる否かを確認することなく本件業務停止命令を発したことには裁量権の濫用がある」

遠山廣直裁判長は、凛として司法の正義を貫いた判決を下したと高く評価できるものであったが、他方、裁判所の構成が交代した第2弾の損害賠償請求事件の判決は、誠に遺憾ながら、行政追随に戻ってしまったと受け止めている。しかし、遠山裁判長が断固として示してくれた司法の正義は、きらりと光っていることは間違いない。

第2弾の損害賠償請求訴訟は、かくして一転落胆をもたらした。弁護団としては、このようなひどい判決にまったく納得できないので、何としても控訴して高裁の判断を仰ぎたかったが、原告会社は、司法に期待できないとして控訴を断念してしまった。残念至極であった。

2　原告会社の受けた甚大な損害

あらためて、被告処分行政庁による業務停止命令により壊滅的損害を被った原告会社の深刻な状況について言及しておきたい。

（1）業務停止命令の公表

被告処分行政庁は原告会社に対し、埼玉県知事が本件業務停止命令を下したことを、埼玉県の県公報及びネットによるホームページ上の「県政ニュース」上で公示したほか、新聞各紙、各テレビ局等に公表した。

同公示・公表により、新聞各紙、各テレビ局等は直ちに各紙面及びテレビ上等に掲載、掲示して報道した。

（２）新聞各紙の広告拒否

これらの公表・報道によって、業務停止命令がなされた事実が広く知られたことにより、原告会社は処分行政庁の本件業務停止命令を受けた直後から、朝日新聞などの新聞各紙から広告掲載を拒否されたのをはじめ、リクルートのウェブサイト応募などインターネットによる応募ができなくなった。

その結果、本件業務停止命令の後１か月間で、ウェブサイトの応募者が約60％も激減する事態になり、その後も被害が拡大した。

（３）埼玉県内の各営業所閉鎖の状況

本件業務停止命令処分を受けた後、原告会社は業務停止命令を受けた会社であるという民間業者にとっては致命的とも言える悪評価、悪評判が広く伝播し、原告会社は深刻な被害を受けた。その結果、業務停止命令の内容である契約締結に関する営業だけに限らず原告会社は、従前のような営業を継続することが著しく困難になったため、埼玉県内にあった５つの営業所のすべてを閉鎖せざるを得ない状況に追い込まれた。

２０１０（平成22）年８月末日までに、春日部営業所、浦和営業所、草加営業所、所沢営業所を閉鎖した。川越営業所は、営業はせず会員管理業務のみ残している。

原告会社は、各営業所の閉鎖にともない、他の営業所へ出向させた一部の社員を除き、やむを得ず他の社員は解雇した。

（４）被害の全国的波及の状況

本件業務停止命令の結果、原告会社の被害は全国的に及んだ。

本件業務停止命令が発動された後、原告会社の被害は全国的な規模で増幅していった。なぜそのような被害拡大に至ったか。それは、10年前には想像だにできなかったネット社会の出現である。

本件のような民間業者に対する「業務停止命令」の情報は、新聞、テレビによる報道の外、即日にインターネットを通じて全国に伝播される。本件も当然例外ではなかった。

これらの情報の伝播により本件業務停止命令発動直後から、原告会社の広告掲載が次から次に拒否されたのである。主なところとしては、地元の埼玉新聞社だけでなく全国紙である朝日新聞社、読売新聞社、毎日新聞社、中日新聞社から全国にわたって広告掲載が拒否された。さらに、リクルートの「リクナビ」のウェブサイト応募、「フロムエー」「タウンワーク」のモバイル応募、インテリジェンスの「デューダ」、

「アン」のウェブサイト応募とモバイルサイト応募が、いずれも全国にわたって立て続けに拒否されたのである。

従って、原告会社の被害（損害）は、埼玉県内だけに限定されるものではなく、全国的規模に及び、その損害は甚大な額に上ったのである。

（５）原告会社の損害

本件業務停止命令が発動された２０１０（平成22）年８月６日以降２０１１（平成23）年２月９日までの業務停止命令期間中の全国の会員１１２名から会員契約を解約された。解約による返金額は多額に及んだ。解雇社員数は、全社員２００名のうち半数を超える１０２名にまで拡大した。その退職金は数千万円に及ぶ。

業務停止期間中の売り上げ減も深刻であった。

２０１０（平成22）年８月10日から２０１１（平成23）年２月９日までの営業損失は、本件業務停止命令をうけた前年の同期間（２００９年８月10日から２０１０年２月９日）の原告会社の同時期の売上実績と比較して、本件業務停止命令を受けた２０１０（平成22）年８月10日以降半年間の原告会社の営業損失は総じて１億５０００万円にも上った。

そして、本件業務停止命令は、「一部の」業務停止命令であるにもかかわらず、前記埼玉県のホームページ上、「県政ニュース」の冒頭において、「業務停止命令（6か月）を実施」と記載し、「一部の」業務停止命令であることの表示がなされておらず、恰も全部の業務停止であるかのようなネット上の誤った提示がなされ続けた。しかも２０１１（平成23）年2月2日、さいたま地裁判決において違法判断がなされ業務停止命令を取消すとの判決が下されたにもかかわらず、その判決後も同業務停止命令の発動についてだけの情報提示がなされ続けた。

この誤情報の提示及び継続については明らかに被告の悪政が顕著であり、それ自体違法といわざるを得ないものであった。このために原告会社が被り続けた被害は計り知れないが、どんなに少なく見積もっても、右記に試算した原告会社の全体の損害の30％を下ることは考えられない事態となった。

Ⅷ　おわりに

リンカーンのゲティスバーグ演説“government of the people, by the people, for the people"（「人民の人民による人民のための政治」）の意味について、作家の丸谷才一氏が「人民を、人民によって、人民のために統治すること」（傍点――筆者）と解釈したことが紹介されている（「経済気象台」２０１２年12月12日付『朝日新聞』）。この深遠な内容に関係して、執筆者のコラムニストは次のように言う。「官僚も政治家も個人としては、多くが優秀で誠実かつ愛国心にも富んでいるだろう。だが、組織に埋もれてしまえば、自らは強欲、国民に非情、強者に卑屈、弱者に酷薄になってしまう」（同上）と。

本件業務停止命令が一気に発動された結果、その犠牲にされた原告会社の悲惨な実態だけが残された。

この度の判決は、日本の行政訴訟に対する国民の絶望をもたらすための、もう一つの判決を加えたと思う。その絶望の末、原告会社は控訴しても裁判所に期待できないとして控訴を断念してしまった。

作家の門田隆将氏は、『裁判官が日本を滅ぼす』（新潮文庫）の中で、次のように書いている。

「ほんの少し手を伸ばせば、そこにある『本当の真実』に、裁判官の多くは近づこうともしないし、国民に期待されているその本来の役割を果たそうとする使命感も問題意識もなくなっている」

「裁判官には高度な法的知識と判断力、そして正義感と識見が備わっているなどと、間違っても思ってはならない」

日本の裁判官は、人間的にも法律家としてもその多くは信頼に値する、と筆者は考えている。しかし、この第2弾の損害賠償請求事件の判決は、期待を大きく裏切るものであったと言わなければならない。

阿部泰隆元神戸大学教授（行政法）は、「改正行政事件訴訟法施行状況検証研究会報告書」の「基調報告」のなかで、次のように言う。

「日本はもともと経済一流、政治何流と言われたけれども、司法は五流である。そこがわかっていない人がものすごく多い。行政事件数が数百倍もあるドイツはともかく、台湾、韓国と比較しても、人口比で、行政訴訟の数が数十分の一という日本の現実は、多少の制度の違いはあるとしても、異常である。裁判も滅多に起きないし、起きても負けることがないとばかり、行政組織は恒常的に違法行為をしていることが多い。私は、弁護士になって吃驚仰天した。裁判所が証拠を誤魔化し、事実を歪め、屁理屈を

これて役所を勝たせるのである。中東の笛というそうである」（『判例時報』２１８２号、５頁以下）

Ⅷ　付言

最後に、第２弾の損害賠償請求訴訟の法廷で、２０１３（平成25）年１月30日の結審の当日、「裁判所の都合のため」といい、結審が３か月以上先に延期されるというハプニングがあった。このような裁判所の采配は異例で、その意味を図りかねた。原告会社の法廷担当は、「何か嫌な予感がする」と言っていたが、その悪い予感が現実のものとなる。

業務停止命令取消判決を下した遠山廣直裁判長が同じさいたま地裁に在籍しておられ、間もなく熊本家裁所長へ栄進という時期に重なっていたことが後に判明した。異例の３か月先に結審を延期し、業務停止命令取消判決で示された行政の違法判断をことごとくひっくり返した第２弾の裁判所の判決への対応には、この意味でも違和感が残っている。

行政追随を排しての司法権独自の判断こそ、国民の司法における信頼が得られるのであって、「司法の正義」はそこにあると確信する。

essay

♪ピアノコンクールに挑戦

行きつけのコーヒーショップで寛いでいた時に、流れてきたピアノ曲に思わず心を奪われた。紛れもなく、ショパンのピアノ協奏曲2番へ短調作品21第2楽章の「ラルゲット」である。

このようなすばらしい曲想がどうして生まれたのか。

フレデリック・ショパン（ポーランド）は、１８１０年に生まれている（〜１８４９）。ロベルト・シューマンも同じ１８１０年生まれ（〜１８５６）、２０１０年が生誕２００年であった。フランツ・リストはショパンより１歳下の１８１１年生まれである（〜１８８６）。時代背景としては、１８０８年にゲーテの戯曲「ファウスト」１部が発表されている。

このピアノ協奏曲2番は、ワルシャワ音楽院時代のショパンによる、コンスタンチア・グラドフスカへの初恋から生まれたものといわれている。

当時2人とも19歳で、ショパンはすでに天才的な音楽家として将来を嘱望されており、コンスタンチアは同じパリ音楽院で声楽を学ぶ同窓生であった。まばゆいほどに美しい、美貌の才媛であったと伝えられている。

彼女に恋をしたショパンは、内気で声をかけることができず、想いを打ち明けた手紙を友人に託している。このような青年ショパンの初恋の苦しみや悩みが、ピアノ協奏曲第2番の名曲として誕生したともいえる。実は、ピアノ協奏曲第1番も、同じ時期の作品でコンスタンチアを想い作曲したといわれている。1番の方が一般に人気があるようであるが、筆者は、2番の方が断然好きである。コンスタンチアへのショパンの切ない慕情が切々と迫ってきて、聴く者の心を揺さぶる。

筆者は現在、映画「戦場のピアニスト」の主題曲であるショパンの夜想曲20番嬰ハ短調「遺作」に挑戦している。ショパンが20歳の頃の作品である。

映画「戦場のピアニスト」を見てから、この「遺作」をどうしても弾きたくなり、その想いが強く消えなかった。そこで、今から数年ほど前に、嫌煙権の市民運動を通じて交流のあったピアニストの高木洋子先生にその気持ちをお伝えした。先生は、スペイン音楽の数々を日本に紹介し、Agustin Barrios Mangore の La Catedral（大聖堂）

の名演奏で知られている著名なピアニストである。先生からは、快く教えていただけることになり、早速、『クリスマスの夕べ、ショパン・ノクターン集』をプレゼントされた。さあ、こうなったらもう後には引けない。オフィスに「夢 CHOPIN ショパンの他、ベートーベンの月光を見ていただいた。ペダルの踏み方等細かく指導 Nocturne 嬰ハ短調 遺作」と張り出してのチャレンジが始まった。高木先生には、を受け、ピアノに向かう姿勢が一変した。

筆者が初めてピアノに触れたのは中学1年の時であった。当時は、戦後の貧しい時代で、ピアノのある家庭などはなかったし、小学校、中学校の音楽室にはオルガンしかなかった。当時、PTAの役員をしていた父が、「これからの時代、中学校にピアノは必要だろう」という単純な動機で、急遽ピアノを音楽室に、となったと聞いている。偶然と言えばあまりに偶然であるが、筆者は、そのピアノにとりつかれ、土・日など、学校の音楽室に日参して、朝から夕方まで独学でピアノに向かっていたことを覚えている。まったくの初心者の筆者が、最初からベートーベンの「エリーゼのために」の楽譜とにらめっことということになった。これもまた偶然であるが、一番上の兄が武蔵野音楽大学の声楽家出身であったので、楽譜の読み方は、兄に教えてもらった。

偶然が重なり、ピアノにとりつかれることになったが、ハノンやチェルニーなど楽譜も見たことがなく、まったくの独習で、ただピアノが好きで、ピアノにとりつかれた、ということである。気が付いたら、その後進学した高校の文化祭で、「乙女の祈り」を独奏している。当時は、ピアノの先生がいないので、注意されたこともなく、叱られたこともなく、ただ好き勝手にピアノに向かっていた、ということで、楽園そのものであった。筆者が、今でもピアノが大好きなのは、上の人からダメ出しをされたことがないことが最大の理由かもしれない。


2017年、突然、ピアノコンクールにチャレンジしようという思いが強くなり、「ショパン国際ピアノコンクール in Asia」のシニア部門にエントリーした。チャレンジ曲は、ショパンのワルツ作品69の2であった。

その頃、偶然にも、ポーランド出身のピアニスト、ミハウ・ソヴコヴィアク先生に出会った。筆者のオフィスの近くに、輸入ピアノ店があり、筆者がそこでピアノを弾いていたときに、ミハウ先生を紹介された。先生は、ポーランドのショパン大学卒業、

ベートーベン「月光」第一楽章より

リスト国際ピアノコンクール入賞経歴のあるピアニストである。筆者がピアノコンクールにチャレンジすることをお話し、その場で特訓を受けることになった。筆者のピアノ人生が一気に開花することになった。

ショパンのワルツ作品69の2でチャレンジすることをお話し、演奏を聴いていただくことになった。先生から指摘された注意点は多岐にわたった。

まず、ピアノのタッチを柔らかくすることと、手首の回し方を何度も指摘された。次に、ショパンのワルツ作品69の2は、短調の曲であるから、聴く者に憂いを感じさせるように演奏するように、と言われたのが特に印象に残っている。

ついに、コンクール本番を迎えた。初めての経験であったが、なぜか、舞台中央のグランドピアノに向かう時には、楽しさが湧き出てくる感じであった。

コンクールの結果はどうだったであろうか。Bronze 賞受賞で

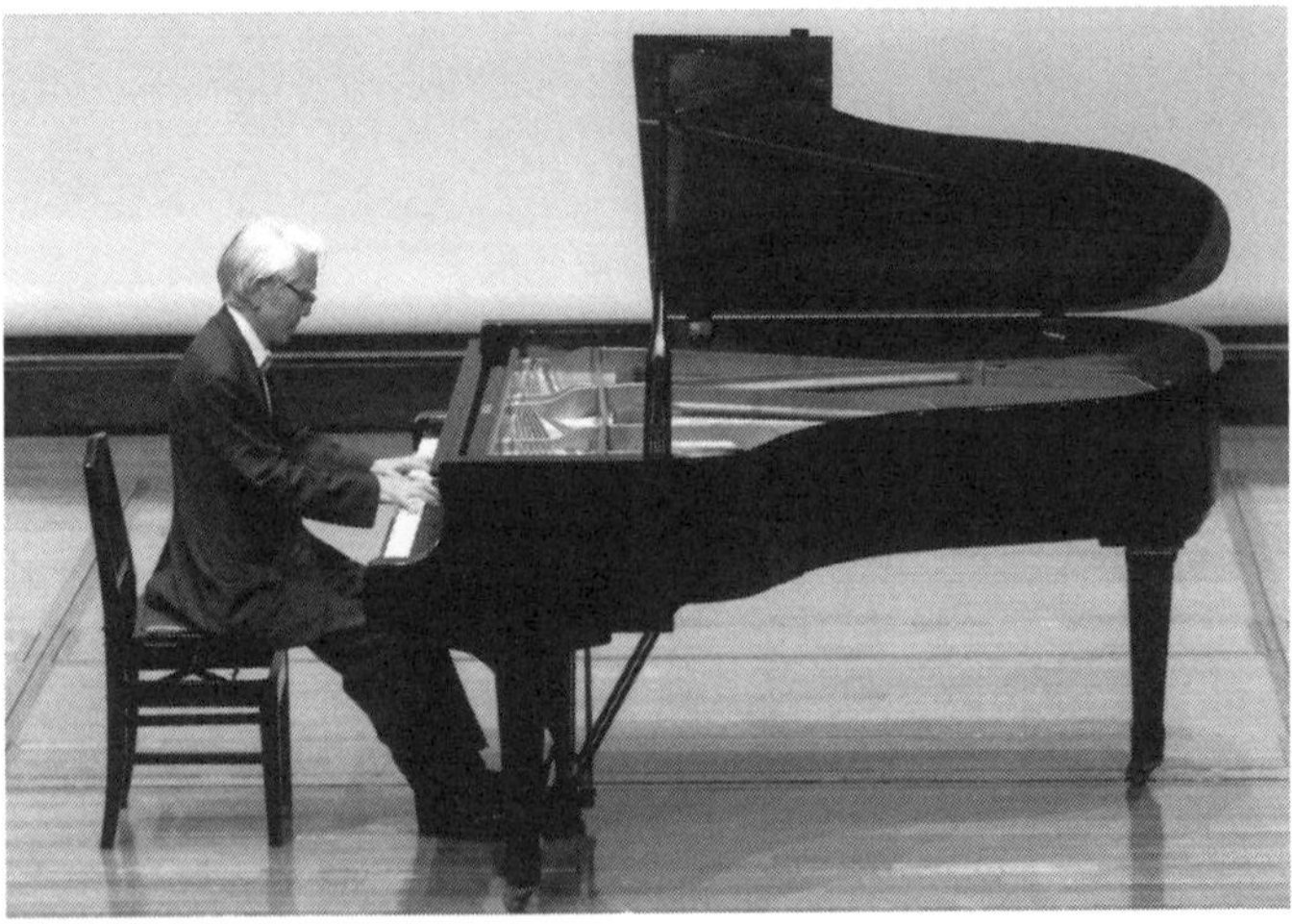

あった。すぐに、高木先生とミハウ先生に報告したところ、両先生とも大変喜んでくださった。

このコンクール挑戦から今年で5年目になる。この間、エリーゼのためにピアノコンクールには、ベートーベンの月光でチャレンジし（奨励賞）、さらに「ヨーロッパ国際ピアノコンクールin Japan」には、ショパンのワルツ作品69の2とノクターン作品21でチャレンジした（ファイナリスト）。それぞれ成果を上げることができたのは幸運であった。

月光といえば、盲目のピアニスト、辻井伸行氏の演奏が素晴らしい。数年前、ドイツでのコンサートのアンコールで演奏した月光第一楽章は、澄んだ音が聴衆の心を奪うという表現がぴったりであった。涙を拭う聴衆の姿がユーチューブに映し出されていた。辻井氏の月光は、心が揺すぶられる演奏で、本当に素晴らしい。

辻井氏は、２００９年のヴァン・クライバーン国際ピアノコンクールで優勝している。その演奏後、コンクールの審査委員が全員立ち上がって、皆目に涙を浮かべて拍手を送ったと伝えられている。審査委員が拍手すること等、コンクール始まって以来のことであったとも言われる。審査委員長のヴァン・クライバーン氏が、辻井氏を〝奇跡のピアニスト〟と呼んだと伝えられている。

辻井氏の月光の演奏の中でも、特に、上の小節のcisからdに上がる音は、他のピアニストの演奏とは違う、哀愁を帯びた音で、何度聴いても涙を誘われる。

さて、去る２０２０年10月3日、港区麻布区民センター区民ホールで催された「エリーゼのためにピアノコンクール受賞者記念コンサート」に出演させていただいたが、コロナ禍のなか、20人もの友人・知人が応援に駆けつけて下さった。

渡辺文学氏からいただいた励ましのメールを紹介させていただく。

「禁煙運動と報道関係者の皆さまへ

本日、第15回エリーゼのためにピアノコンクールの入賞者記念コンサートに行ってきました。弁護士の伊佐山芳郎氏が、このコンクールに応募し「奨励賞」を受賞されていたのです。伊佐山氏の演奏曲は、ベートーベンのピアノ・ソナタ「幻想曲風ソナタ（月光）」第一楽章でした。すばらしい「月光」でした。伊佐山氏、演奏が終わったあと、しばらくそのままの姿勢でピアノにたたずんでいたのが、とても印象的でした。法曹界の「囲碁7段」、そしてピアノコンクールで「奨励賞」受賞、なかなかできることではないですねえ。伊佐山氏の「努力」に深く敬意を表します」

過日、ある交響楽団からピアノソリストとしての出演依頼をいただいた。諸般の事情からいまだ実現していないが、胸を膨らませている。

今年もいくつかのピアノコンクールに挑戦するつもりである。

第2部
受動喫煙被害は人権侵害

第１章　嫌煙権の原点は人間の尊さ

——著名人の〝反・嫌煙権〟の珍説、暴論概観

40年前の「喫煙」を取り巻く状況は、次のようなエピソードから知ることができる。

・たばこパッケージには有害表示一切なし
・テレビでたばこＣＭを常時放映
・新幹線など特急列車は、こだま16号車を唯一の例外として、すべてフリースモーキング！
・レストランもほとんど例外なく喫煙自由
・病院の待合室にも灰皿
・家庭裁判所の待合室に赤ちゃんのベッドと同室内に灰皿
・東京弁護士会公害委員会では、喫煙しながら大気汚染を議論
・歩行喫煙者多数

・新宿駅等プラットホームや線路上にポイ捨てされたたばこが散乱
……等々。

Ⅰ　嫌煙権運動と反発

１９８０（昭和55）年４月、当時の国鉄に禁煙車両設置を求める嫌煙権訴訟を提起した。非喫煙者の権利を社会的に確立するための裁判闘争であった。法社会学者から政策形成型訴訟の典型的裁判と評された。提訴するとすぐ、全国の特急列車の一両が禁煙になり、その後、指定席に禁煙車新設、そして７年後の１９８７（昭和62）年３月27日の判決時には、各列車の約30％が禁煙車両になるという、画期的な成果を勝ち取ることができた。

嫌煙権の法的根拠は、憲法第25条の「健康権」であり、憲法13条の「個人の尊重」である。心身ともに健康であること、生命を大切にすること、それは人間の尊さの原点である。

私たちが裁判をしてまで、当時の国鉄（今のＪＲ）の禁煙車両の新設、増設を求めたのは、受動喫煙被害の人権侵害をアピールし、社会のあり方を変革するためであった。

１　評論家・福田恆存氏「常識では思ひも付かぬさういふ狂った世情」

一方、嫌煙権の市民運動に対する反感、批判、反発など次々に出された。特に著名な評論家、作家、学者などからの、嫌煙権に対する〝決めつけ〟批判を目の当たりにして、これは願ったりかなったりということで、論戦を繰り広げた。その代表格といえば、今は亡き評論家の福田恆存氏であろう。「嫌煙的思考を排す」（『中央公論』１９７９年９月号）という論説のなかで、氏は次のように嫌煙権運動を批判した。

「嫌煙権などといふふざけたものは一時騒がれはしたものの、いづれは誰も口にしなくなる時が来るに相違ない。そんな事に何もまともに付き合ふ必要は無いのだが、一時にもせよ、『御無理御尤も』と、まともに付き合わされ、国会においてまでそれが取り上げられたといふ事は異常を通り越して狂気の沙汰としか言ひ様は無い。が、常識では思ひも付かぬさういふ狂った世情の方が先行し、その中から嫌煙権などといふふざけた主張が出て来たのであり、その意味では、野暮を覚悟でこれにまともに付き合わねばなるまい」

福田先生が、今もご存命なら、あらためてご高説をお聞きしたいところである。

2　作家・澤田ふじ子氏「精神文化の停滞と卑小が、原因にある」

次に、作家の澤田ふじ子氏は、嫌煙権を批判して、次のように論じた。

「わたくしはいつも、健全な市民の良識という美名にかくれた市民運動の暴挙を感じてしかたがない。彼らは喫煙者に対して、それを嫌う権利や自由があってもいいという。だが、わたしをふくめた愛煙家たちは、それぞれにたばこを有害と認めながらも、無駄の中にふくまれている大きな効用を感じ、紫煙をくゆらせているのである」

「嫌煙権運動の伸長を、自己主義的社会のもたらせたものであり、精神文化の停滞と卑小が、原因にあると思っている」（１９８4年5月20日付『赤旗』）。

3　評論家・小室加代子氏「間接喫煙ぐらいでシボむような花ならポイ」

また、評論家の小室加代子氏の嫌煙権批判は、さらに過激な暴論であった。職場で、同僚の吸うたばこの煙に悩んでいるＯＬの人生相談に対して、次のような回答を寄せた。

「本当はそんなにいやなら、会社をやめたらいいのです。私があなたの上司なら、そういいますよ。隣のオジサンは、ニコチン中毒であろうとあなたよりは会社に貢献してきたのです」

「間接喫煙ぐらいでシボむような花ならポイですよ」

「あなたはニコチン中毒よりも、もっとしまつの悪い一流中毒患者のようですね」

（１９８３年10月11日付『読売新聞』）。

そして、ついに学者の登場である。

４　金沢大学教授・中村茂夫氏「人間の身勝手さを絵に描いたもの」

金沢大学の中村茂夫教授（当時）は、予断と偏見によるひどい決めつけの謬論を法律雑誌に載せた。

「すでに定着したかのように見える嫌煙権なるものを、もし世間が唱えて喫煙者を責めたいというのであれば、それは自動車（並びに大部分のオートバイ等）の運転手でない非喫煙者によってせいぜい願いたい」

「『きれいな空気を吸う権利』が嫌煙権であるならば、他方に自動車によって汚染されない空気を吸う権利の主張が存在し得ることを心すべきである。私には、『権利とは相互的なものである』という味わい深い先達の言葉が想い起こされ、自動車を連ねて会場に集まり、〝嫌煙権！〟の気勢を挙げている情景を想像すると、人間の身勝手さを絵に描いたもののように思われてならない」（『法学教室』１９８６年７月号）。

5　神戸大学教授・石田喜久夫氏「嫌煙権など細かい問題」

もう一つ、神戸大学の石田喜久夫教授（当時）のご高説をご紹介しておきたい。

「ギシギシ片肘つき合わせて１００歳まで生きるよりも、悠然南山を眺め酒に酔い60歳で人生を終える方が、わたくしの望むところである。かような見地からすれば、嫌煙権など細かい問題について精力を費やすよりも、もっと大きな問題に力を致すよう努めるのが、法学者の歩むべき途ではなかろうか、という結論に落ち着く」（『法苑』１９８１年１月号）

６　反論

さて、中村茂夫氏に対しては、筆者は次のように反論した。

「嫌煙権運動の集会に車を連ねて集まるなどと言うことは皆無である。嫌煙権運動のリーダーの渡辺文学氏は、自動車の排ガス規制緩和の環境行政を告発する『ＮＯ２訴訟』の原告の一人である。その他、大気汚染東京圏連絡会、合成洗剤追放全国連絡会、なぎさ保存会、入浜権などの世話人も兼務して頑張って活動してきたことを見れば、教授の非難は全く理由のない中傷に過ぎないことがわかる」（拙著『現代たばこ戦争』岩波新書、92頁）

そして、石田喜久夫氏には、次のように反論した。

「人の死や深刻な健康被害をもたらす受動喫煙あるいは環境たばこ煙から非喫煙者の生命や健康を守ろうとの主張である嫌煙権運動を『細かい問題』と切って捨てる価値判断がどこから来るのか、理解に苦しむと言わざるを得ない」（拙著『現代たばこ戦争』岩波新書、93頁）

Ⅱ　加藤雅信氏との論争

1　加藤氏の主張

名古屋大学教授（当時）の加藤雅信氏（民法）との論争を紹介する。

加藤氏は、『判例タイムズ』（５４６号）誌で、「嫌煙と嫌煙権のはざまで」と題する随想の中で、私達の嫌煙権運動を批判し、次のように論じておられる。

「嫌煙まではともかく、嫌煙権まで言いたてられると、私個人は何か違和感を覚えないでもない」

「論者によれば、喫煙というのは、本人自身の嗜好であるとともに、外に煙が流れ出る以上、喫いたくない人にもタバコを喫わせる傍迷惑な行為である、という。まさに、論者の言う通りだと思う。しかし、逆に考えると、嫌煙権のほうも、自分がタバコの煙を喫いたくないから、愛煙家にタバコを喫わせないという、傍迷惑な主張という側面もあるのではあるまいか」

「タバコを喫いたい人とその煙の影響を受けたくない人の双方が同じ場所にいた場合

に、双方をともに満足させる方法はない。そこでは、タバコを喫いたい人が他方に迷惑を掛けたうえで我を通すか、隣人のほうが喫いたい人の嗜好を犠牲にしたうえで我を通すか、いずれかであって、いわば我の張り合いにすぎない」

２　反論

そこで筆者は、同じ『判例タイムズ』（５５６号）で、「なぜ、嫌煙『権』なのか——加藤雅信教授の運動批判に答える」と題して以下のように反論した。

「加藤氏が、嫌煙権運動を批判されることはもちろんご自由であって、そのこと自体に私はとやかく申し上げるつもりは毛頭ない。問題は、氏が嫌煙権運動の主張をよく理解しておられないことである。

喫煙は、たしかに、周囲の非喫煙者にとって〝傍迷惑〟なことであることは言うまでもない。しかし私たちは、喫煙について、その程度の認識で嫌煙権運動をやっているわけではない。

氏の文章のどこにも、喫煙の有害性についての記述がないだけでなく、パッシブ・スモーキング（passive smoking ＝受動喫煙）の有害性についての記述がただの一度も登場していないことにあらためて思いをいたす時、氏は喫煙の有害性のみならず、パッシブ・スモーキングの有害性をご存知ないか、あるいは無視しておられるかのどちらかではないかと思う。仮に喫煙者を〝傍迷惑〟なことという程度に理解したとしても、どうして「我の張り合い」というようなお考えになってしまうのか理解に苦しむ。その点についていては、騒音、振動、臭気などのニューサンスのことをちょっと思い浮かべるだけでも、直ぐ合点が行こうというものである。ましてや、後述するように、喫煙の周囲に与える深刻な悪影響を考えれば、「我の張り合い」の理論？　には驚き、呆れるほかない。思うに、批評や論評をする場合には、まず相手の主張を理解するのでなければ、お話にならない。氏はこの大前提をないがしろにされており、その批評の基本姿勢に疑問を感ずる」

3　争点

（1）受動喫煙の有害性

さて、直接喫煙の有害性を証明する医学的データは山ほどある（ＷＨＯ専門委員会報告・（財）結核予防会「喫煙流行の制圧」、同「喫煙の医学的問題」参照）。

喫煙者本人に対する有害性もさることながら、近時、社会的に大きくクローズ・アップされているのは、自分は喫煙しなくても、たばこの煙で汚れた生活空間の中にいると、急性、慢性の深刻な健康被害を受けるパッシブ・スモーキングの有害性である。これを証明する動物実験、人体実験、疫学調査報告は、続々と発表されてきている（注目すべきものとして、「喫煙と健康に関する調査研究」（「昭和55年度健康づくり等調査研究報告書〈厚生省委託研究〉」）中の浅野牧茂博士「受動的喫煙の影響に関する調査研究」）。

そのうちの代表的なもののいくつかを紹介してみよう。平山雄・元国立がんセンター研究所疫学部長が、９万１５４０人の、たばこを吸わない40歳以上の妻を、１９６６（昭和41）年から１９８１（昭和56）年までの16年間にわたって追跡調査し、発生した２００例の肺がんについて、夫の喫煙と妻の肺がん罹患との関係を調べている。その結果、夫の喫煙本数が多いほど、たばこを吸わない妻の肺がんのリスクが高くなることを明らかにしている。夫が1日20本以上たばこを吸う場合、妻がたばこを吸わないのに肺がんにかかって死亡する危険性は、夫がたばこを吸わない場合に比べて1・91倍も高くなるという（英国の医学誌『ランセット』１９８3年12月17日参照）。

ギリシャのトリコポウロス博士の疫学調査報告（１９８３年）、アメリカのコリア教授らの疫学調査報告（１９８３年）も、夫の喫煙とたばこを吸わない妻の肺がんリスクの関係を明らかにする成績を発表している。

また、埼玉医科大学と東京医科歯科大学が、ハッカネズミを使った共同実験により、パッシブ・スモーキングと肺がん発生との因果関係を明らかにしている（１９７７年）。パッシブ・スモーキングの急性被害について、国立公衆衛生院と暮しの手帖社との共同実験（１９８２年）は、人間を被験者にしてその因果関係を証明している（『暮しの手帖』79号参照）。

以上、その代表例のいくつかを紹介したにすぎないが、このように見てくると、パッシブ・スモーキングの被害は、非喫煙者の健康と生命に関わる〝人権問題〟だと言っても、決して言い過ぎにはならないのである。

（2）嫌煙権の主張は人権問題

ところが、40年前のわが国の状況はといえば、街中を歩いても、レストランへ行っても、列車に乗っても、病院の待合室に行ってさえ、たばこの煙がいっぱいであった。とくに職場の場合は深刻である。喘息や慢性気管支炎の患者の場合には、たばこ煙で汚れた生活空間の中にいると、発作を誘発されるなどの被害を増幅される。妊婦などの保護についてもほとんどまったく顧みられない。このような状況を社会的に告発したのが、嫌煙権運動であった。

すなわち嫌煙権の主張は、非喫煙者が生活のいたる所で煙害を被り、健康や生命を害されることを〝人権侵害〟と捉え、列車や病院の待合室などの公共の場所や職場などの共有の生活空間における喫煙規制の社会的制度化を求めたのである。具体的に、たとえば列車の場合を例にとると、せめて喫煙車両と禁煙車両を少なくとも半分半分にして、喫煙する乗客と喫煙しない乗客の両者の立場の調和をはかるべきことを主張したのである（拙著『嫌煙権を考える』岩波新書）。

（3）国鉄当局の対応

私たちは、１９８０（昭和55）年4月7日、国鉄（現在のＪＲ）、専売公社（現在は日本たばこ産業株式会社）、国を相手に「嫌煙権訴訟」を提起した。この訴えの中で、私たちは国鉄に対し、「各列車の客車のうちの半数以上を禁煙車とせよ」と要求するとともに、当時の国鉄に対し、原告らが禁煙車両のない列車に乗り、眼・鼻・のどの痛み、胸苦しさ、吐き気などの被害を被ったほか、乗車の度に不快感を被ったことを理由に、14名の市民が各10万円から５００万円までの損害賠償請求もしたのである。

この裁判を起こした１９８０（昭和55）年当時、中・長距離列車には、新幹線「こだま」の16号車を唯一の例外として、他には一両の禁煙車もなかったのである。妊婦はどうするのか、赤ちゃんはどうするのか、病者はどうするのか、アレルギー体質の人はどうするのか。そこで私たちは、国鉄当局に対し、禁煙車両設置を求めて要望書を繰り返し提出したのである。しかるに、国鉄サービス課の責任者の回答は次のようなものであった。「少ない自由席車両の一つでも禁煙車にしてしまうと、長時間我慢しなければならない喫煙者にお気の毒である」。たばこの煙で汚れた、締め切った車両から逃げ出せない非喫煙乗客者はどうしたらよいのか、とくに赤ちゃんや妊婦はどこへ行ったらよいのかと食い下がったけれども、当局の姿勢には、まったく前向きのものがみられなかった。その後、私たちは新宿駅周辺などに出かけて5万人の署名を集めて陳情したが、それでも国鉄当局の対応は極めて冷ややかであった。このような経過の後に、ついに嫌煙権訴訟に踏み切ったのである。

裁判提起後、情勢は大きく変化していくことになる。提訴半年後の１９８０（昭和

55）年10月1日から、国鉄は、ついに新幹線「ひかり」の自由席車両の一両を禁煙車とした。それから2年後の1982（昭和57）年11月15日から、全国の特急列車の自由席車両の一両を禁煙車とし、1985（昭和60）年の4月1日からは、待望の指定席にも禁煙車を設けた。このように書いてくると、いとも簡単に禁煙車ができたように思われる向きもあるかもしれないが、原告はもちろんのこと17名の弁護団も、すべてボランティアで、夜を日に継いで活動してきての成果であったことをご理解いただきたい。

（4）我の張り合いか

ところで、加藤雅信氏は、たばこを吸いたい人とその煙の影響を受けたくない人の双方が同じ場所にいた場合、「タバコを喫いたい人が他方に迷惑をかけたうえで我を通すか、隣人のほうが喫いたい人の嗜好を犠牲にしたうえで我を通すか、いずれかであって、いわば我の張り合いにすぎない」と批判された。しかし、この議論にはいくつかの疑問がある。第一に、嫌煙権批判として、このような議論を展開することに対してである。嫌煙権運動としては、喫煙者個人に対して、「たばこを止めよ」とか、「私の前で喫煙するのはけしからん」とかの主張をしたことはない。「たばこの煙がにがてです」と書いた「嫌煙バッジ」も、気の弱い非喫煙者が止むに止まれず、恐る恐るバッジを付けて、一つの意思表示をしたにすぎない。実際、バッジによって、個人的に「嫌煙権」を主張しても、わざと煙を吐きかけられたり、ことさら〝嫌人バッジ〟のことを持ち出してからかわれたりということが起こるだけで、まったく無力であった。

嫌煙権運動は、そのような個人的な局面ではなく、公共の場所などの喫煙規制の制度化を目指したものである。この場合、単に「嫌煙」ではなく、「嫌煙権」という権利主張を展開した点が重要であったと考える。

（５）人間らしい生活を営むための最低限度の要求

ひるがえって、人間の生命、身体の安全、精神的自由は、私たちが人間として存在するために欠くことのできない基本的なものであって、法律上も最大限に保護されなければならない。健康や快適な生活環境も、人間らしい生活を営むためには絶対に必要なものであり、同様に法律上も保護されなければならない。これらは私たち人間の人格に本質的なものと言うべきである（人格権）。憲法13条の「個人の尊重」、同25条の「生存権」は、この人格権に対する憲法上の徴憑と言ってよいであろう。このように見てくると、非喫煙者が煙害を受けないための社会的訴えは、まさに「権利」として主張すべきことなのである。また、このような理論的問題もさることながら、現実のダイナミックな非喫煙者保護の動向を見れば、それが、嫌煙権という権利主張のパワーの所産であったことは火を見るより明らかである。氏は、運動のダイナミックスを見ておらず、教室の中の静止的議論の域を出ず、全体的に評論家的放言に終始していたことを残念に思う。

第二に、「我の張り合い」という氏の議論に対する疑問である。このような主張そのものが、パッシブ・スモーキングの害に対する無理解を示す何よりの証左である。嫌煙権に対する理解が不十分なうえ、より致命的なのは、パッシブ・スモーキングの害に対する知識を欠いていたことである。

喫煙は嗜好という一面があるにしても、例えばコーヒーなどと比較して、喫煙は周囲の人々の健康に深刻な被害をもたらす〝公害発生源〟であることが、医学的、科学的にはっきりしているので、基本的には喫煙の自由よりも非喫煙者の健康権の方が優先することは議論の余地がないというべきであろう。フランス人権宣言第４条もいうように、「自由とは、他の者を害しないすべてのことをなしうることをいう」のである。しかも嫌煙権の主張は、喫煙者の喫煙の権利・自由を基本的に肯定したうえで、両者の調和を訴えてきたのである。

１９８５（昭和60）年5月11日、筆者は東京で開かれた日本法社会学会の「権利の形成と展開」と題するシンポジウムに招かれ、「嫌煙権をめぐる諸問題」について報告した。学会終了後たまたま、立教大学の淡路剛久教授と酒席を囲む機会を得た。その折、淡路氏は、加藤氏の本誌の嫌煙権批判の随想に言及され、「あれはおかしい」と言われた。そこで筆者は初めて加藤説のことを知った次第だが、嫌煙権の市民運動に関わっている責任ある立場の一人として、現場からの声として反論させていただいた。

加藤氏は、「嫌煙権というのは、どうやらこの頃の世の中では、正義の旗印を背後に掲げたものらしい。我を通したうえに、我を通すことに正義づらをされたのでは、我を通されたほうはたまらない」とトーンをエスカレートされた。しかし、権利主張には、正義の裏づけがなされるのは当然のことである。問題は、嫌煙権の主張が権利主張になじまないという氏の権利に対する感覚にこそあるというべきであろう。

（6）受任請求に過ぎない

また、加藤氏は、「喫煙権にせよ嫌煙権にせよ、その実体は――私のタバコの煙を、あるいはあなたがタバコを喫うことを――我慢していただけないか、という受忍請求にすぎない」と言われた。この部分の法律的意味は今一つ定かでないが、恐らく伝統的な「受忍限度」の理論と同じ思想のものと思われる。

ちなみに、「受忍限度論」は、歴史的、社会的に、公害被害に苦しむ市民、言い換えれば被支配階級の人々の切実な被害救済の要求に対し、公害企業や行政怠慢の責任を回避する国が、常に現状肯定の方便として使ってきているということを指摘しておきたい。

たばこ公害から非喫煙者の健康や生命を守る方向で社会のあり方を変えていこうとする観点からすれば、氏のいう「受忍請求」の理論は、パッシブ・スモーキングの被害に苦しむ多くの市民の願いを無視し、現状を肯定することになるだけであろう。その意味では、「受忍限度論」に対するのと同じ危惧を、氏の受忍請求に感じてしまうのである。

願わくば、揶揄的なものではなく、事実を正確におさえたうえでの、氏の御見解をあらためてお聞かせいただきたい。

今、このような嫌煙権に対する無理解、誤解としか言いようのない珍説、暴論をあらためて読み直してみて苦笑を禁じ得ない。皆さん、名のある方々ばかりで、知の代表格のはずであるが、どちら様もお粗末で読むに堪えない。〝権威を疑え〟は真理である、と感じている。

ひるがえって、原発事故という〝人災〟に対して、これを推進してきた連中がまだ何の責任も追及されていないのは、どう考えてもおかしい。このような〝わが日本社会の悪しき曖昧さ〟と喫煙被害に甘い日本社会の体質とには共通したものがあると考える。人間の命を尊重するという視点が確立されなければ、喫煙被害はなくならないし、壊滅的な原発事故という悪夢を再び見ることになろう。

＊追記

２０２０（令和２）年9月30日、福島原発集団訴訟（原告３６００名）で、仙台高裁が東電だけでなく、国の責任を初めて認め、賠償額10億円に大幅増額の判決というビッグニュースが報じられた。

第2章　受動喫煙は〝虐待〟である

＊『禁煙ジャーナル（No.302）』（2018年7～8月号）の拙稿を加筆修正した

I　都条例と改正健康増進法

2018（平成30）年6月27日、東京都は受動喫煙防止条例を制定した。それによれば、東京都内の飲食店の84％が原則禁煙とされることになった。

他方、同年7月18日に、改正健康増進法が成立したが、半数以上の飲食店が例外として喫煙できるという代物で、2021（令和3）年の五輪開催国としては、罰則付きの受動喫煙防止という国際基準に大きく後れを取ったものと言わざるを得ない。

1　国際基準

世界保健機関（WHO）と国際オリンピック委員会は2010（平成22）年、「たばこのない五輪」を推進することで合意している。2008（平成20）年以降、北京、ソチ、リオデジャネイロなど、夏季、冬季を問わずすべての五輪開催地で、罰則付きの受動喫煙防止対策が講じられてきている。わが国のこの度の受動喫煙防止を内容とした健康増進法の改訂は、国際基準から大きく後退しており、今後国際的に批判されることは必至である。

2　子どもを受動喫煙から守る条例

都議会は、この度の受動喫煙防止条例に先立ち、2017（平成29）年第3回定例会において、「東京都子どもを受動喫煙から守る条例」を制定した。この条例は、2018（平成30）年4月1日から施行されている。

その第1条（目的）によれば、「この条例は、子どもの生命及び健康を受動喫煙の悪影響から保護するための措置を講ずることにより、子どもの心身の健やかな成長に寄与するとともに、現在及び将来の都民の健康で快適な生活の維持を図ることを目的とする」としている。

そのうえで、「家庭等における受動喫煙防止等」（第6条）の他、「自動車内における喫煙制限」（第8条）、「公園等における受動喫煙防止」（第9条）など子どもが受動喫煙の被害を受けやすい場所を掲げて注意を喚起するという配慮の行き届いた内容となっている。

3　自民党タバコ族議員の反撃に屈した

他方、この度の国の「改正健康増進法」では、子どもを受動喫煙から守ろうという視点は、残念ながら希薄、否皆無である。

その「改正健康増進法」の内容が、国際基準から大きく後退しているのは、たばこ産業へのダメージを少しでも食い止め、その延命を図ろうという、自民党のタバコ族議員の反撃によって、当初の厚生省案が〝骨抜き〟にされた結果であったと言わなければならない。

4　法は家庭に入らずは誤り！

この度の「東京都子どもを受動喫煙から守る条例」に対して、「法は家庭に入らず」というローマ法以来の法格言を持ち出して批判する向きもあるが、この議論には、受動喫煙の害についての無理解がある。

東海大学の玉巻弘光名誉教授（行政法）によれば、「家庭での喫煙が健康被害の問題として、どれほど見過ごせないものかという内容の検証は十分とは言い難い」としたうえで、「条例案で想定される『違反』を確認するには、日常的に他人がその家庭を監視しなければならず、家庭のプライバシー保障の面で問題があると思う」として、「一般市民を監視して、権力へ『通報』することが普通とみなされる社会は恐ろしい」と語っている（2017年8月13日付『東京新聞』）。

玉巻氏の、権力の過剰適用を懸念する一般論は理解できるが、受動喫煙から子どもを守る条例に対する批判は疑問である。

玉巻氏は、「家庭での喫煙が健康被害の問題として、どれほど見過ごせないものかという内容の検証は十分とは言い難い」などと言うが、家庭での喫煙が、どれほど深刻な害を子どもたちに与えているかの検証は、国際的に信頼に値する重要なデータが積み重ねられている。教授は、これらのデータを知らないか無視しているかのどちらかではないか。

以下、具体的に〝検証〟する。

Ⅱ　家庭での喫煙による健康被害

１　受動喫煙被害の国際的調査報告

平山雄博士が、９万１５４０人の喫煙しない40歳以上の妻を、１９６６（昭和41）年～１９７９（昭和54）年の14年間にわたって追跡調査し、夫の喫煙と妻の肺がん罹患との関係を報告している（１９８１年発表）。同調査によると、夫が１日20本以上喫煙している場合、妻が喫煙していなくとも、夫が喫煙しない場合と比べて、肺がんにかかる確率が２・08倍も高くなることを明らかにした。肺がんだけでなく、ＣＯＰＤ（慢性閉塞性肺疾患）や喘息なども似たような傾向のあることが報告されている。平山博士の報告は、受動喫煙の有害性を明らかにした世界で初めてのものであり、その後のＷＨＯをはじめ、世界各国の受動喫煙対策に大きな影響を与えた。

２　乳児突然死症候群の日米の調査報告

元気だった乳児が、ある日突然死ぬ、乳児突然死症候群（ＳＩＤＳ）の原因の一つに、父親と母親の喫煙が関係しているとする、日・米の調査報告がある。

「乳幼児死亡の防止に関する研究班」（主任研究者：田中哲郎国立公衆研究院母子保健学部長）が、１９９６（平成８）年1月から１９９７（平成９）年6月までの間に突然死した乳幼児８３７人を実態調査した研究報告によると、父親と母親が喫煙する場合の赤ちゃんの突然死は、喫煙者のいない家庭と比較して４・７倍も高い、との報告である。

３　母親の喫煙と乳児の突然死に関係あり

母親の喫煙が、乳児の突然死に関係ありとする、ペンシルベニア州立医大のＲ・Ｌ・ナイ博士の報告とワシントン大学小児センターのＡ・Ｂ・バーグマン博士らの乳児の突然死の調査報告が、既に１９７６（昭和51）年になされている。バーグマン博士は、「おなかの中にいるときや生まれたばかりの赤ちゃんの呼吸器が、母親の喫煙によるニコチンや一酸化炭素の障害を受け、突然死の下地を作るのではないか」と分析している（詳しくは、１９７７年7月18日付『朝日新聞』）。

４　乳幼児突然死症候群の厚労省調査

また、２０１６（平成28）年８月に厚生労働省「喫煙の健康影響に関する検討会」の報告書（通称「たばこ白書」）が15年ぶりに改訂された。国内外の論文１６００件ほどが解析され、体内10か所のがん発生を含めた22種類の病気・病態と、喫煙との因果関係が「確実」とされた。同時に、６つの病気・病態と受動喫煙の因果関係も「確実」とされ、「乳幼児突然死症候群」も含まれている。

Ⅲ　家庭内喫煙は児童虐待や家庭内暴力と同じ不法行為

家庭の中で犯罪が疑われる場合、例えば、夫婦、親子の中の諍いが高じて傷害あるいは殺人事件に発展するような場合に、警察権力が家庭の中に入る（法が家庭の中に入る）ことを疑う者はいないであろう。現在のわが国において、夫の妻に対するＤＶ（逆のケースもあり）については、「配偶者からの暴力の防止及び被害者の保護に関する法律」（２００１年、通称「ＤＶ防止法」）が、親の子に対する暴力や虐待については、「児童虐待の防止等に関する法」（２０００年）が制定されている。これらの場合、法が家庭の中に入るのであり、これが正当であるとすれば、乳幼児をはじめとする子どもたちの生命を奪いかねない家庭内の喫煙を、条例又は法律で規制するということは、児童虐待と同等、あるいはそれ以上に認められて当然ではなかろうか。

すでに海外では、複数の国々で自家用車のようなプライベート空間においても、子どもが同乗する場合には喫煙を禁止する罰則付きの法規制が施行されている。

この度の都条例は、あくまでも、子どもたちの健康保護という視点での啓蒙の意味を込めた内容に留まる。玉巻氏の「権力へ通報することが普通とみなされる社会は恐ろしい」という一般論はともかく、この度の条例に対する批判として、その様な議論を持ち出すのは、受動喫煙の深刻な被害に対する無理解によるものと言わざるを得ず、批判は当たらないと言うべきである。

第3章　喫煙する医師は、医師失格である！

Ⅰ　日本医師会の喫煙調査の驚きの結果

２０１６（平成28）年の日本医師会員喫煙意識調査報告（日本医師会）によると、男性医師の喫煙者が、回答した医師４４３２人のうち10・9％、女性医師の喫煙者が、回答した医師１１５１人中の２・４％であったという。報告書の結論のところで、「日本医師会員の喫煙率は男女ともに減少している」とのコメントがなされている。

全国の医師総数は32万人といわれている。仮に右記男性医師喫煙者と女性医師喫煙者の割合を基に、全国の医師総数に占める喫煙医師数を推定すると、約２万９０００人の医師が喫煙者ということになるのであろうか。

医学専門家の医師が、喫煙の有害性に関する知識も乏しく、自己抑制力もなく、ニコチン依存で禁煙ができないで苦しんでいる姿を思い浮かべるだけでため息が出る。

1　嫌煙権の市民運動～嫌煙権訴訟の成果

筆者は、今から43年前の１９７８（昭和53）年２月18日、非喫煙者の権利主張を骨子とする嫌煙権の市民運動旗揚げに参加した。２年後の１９８０（昭和55）年４月７日、国鉄（現在のＪＲ）の中・長距離列車に禁煙車両を設置させることを目指した嫌煙権訴訟を提起した（第１章「嫌煙権の原点は人間の尊さ」に詳しく論じた）。当時は、新幹線こだま16号車を唯一の例外として、新幹線ひかりをはじめ、全国のすべての特急列車に一両の禁煙車両もなかった。赤ちゃんや妊婦、病気の人などの弱者にちょっと思いを寄せれば、禁煙車両の設置要求が、人間が健康に生きていくための当然の権利主張であることが理解されるはずであった。

ところが、当時、この訴訟を積極的に支援して下さった医師の方は少なく、ほんの一握りの方に限られていた。喫煙被害に関する意識の低さは、医師の方々も一般の人々のレベルとあまり変わらないという印象であった。

この裁判は、提訴から７年後の１９８７（昭和62）年３月27日の判決時までに、新幹線をはじめ、全国の特急列車の30％に禁煙車両が新設・増設され、画期的な成果を上げることができた。それから34年経った現在では、新幹線その他すべての特急列車の１００％が禁煙車両になっている。このように受動喫煙被害から非喫煙者を擁護する社会の動きが画期的に前進した。しかし、医師の意識の低さに大きな変化はみられず目を覆うばかりである。

２　医者の喫煙

40年前、筆者は、気管支喘息治療のため、東大病院物療内科に通院していた。その時に驚きの光景に出くわした。

東大病院の物療内科は、当時、診察室と中廊下の間がカーテンで仕切られていて、診察室の声が外に聞こえていた。慢性気管支炎の患者らしい20代と思しき青年が、医師に質問しているのが聞こえた。

青年　先生、咳が止まらないのですが、タバコを吸っていてもいいですか。

医師　ああ、吸っていてもいいよ。ただ、吸った後うがいをしなさい。

その後、青年が診察室を出るときに、カーテンがめくれ、医師の机の上の灰皿が吸い殻で一杯になっているのが見えた。

これは本当の話である。この時の青年は、あれから40年後の今、どうしているであろうか。うがいをしながら喫煙し続けていたとすると、既に、肺がんなどで他界しているかもしれない。喫煙を容認し、「うがいをしなさい」と患者に指導（？）していた喫煙医師も50代を健康に過ごせず、同じく肺がん等で他界しているかもしれない。

エピソードをもう一つ紹介したい。筆者が20代の頃、自宅近くのクリニックへ行った時の医師との会話である。

私　先生、碁会所へ行ってくると、咳が出て喘息症状になるのですが、碁会所で喫煙者が吸う煙が充満していますので、それが原因でしょうか。

医師　あのねー、君もタバコを吸って煙に耐性をつけたらどうかね。

後でわかったが、当時、この医師は、ヘビースモーカーで、その10年後に肺がんで他界したと聞いている。

３　受動喫煙についての医師の意識も低い

冒頭の日本医師会の調査には、受動喫煙に関する項目が見当たらない。恐らく医師会に受動喫煙被害についての理解が薄いのかもしれない。自ら喫煙者である医師は、ご自分の健康被害だけでなく、周囲の非喫煙者に受動喫煙の被害をもたらすという意味で、加害者の面も有するのである。国民の健康問題に取り組む専門家の医師が、この受動喫煙問題に無関心であることは許されないと言わなければならない。非公式の民間の実態調査で、健康増進法改正について「知らない」と答えた医師が35％もいたとのことであり、その意識の低さに驚きを禁じ得ない。

Ⅱ　医師失格

厚生労働省の研究班がまとめた、２０１０（平成22）年の推計では、受動喫煙が原因で死亡する人は年間１万５０００人と推計されている。内訳は、肺がん死２４８０

人、虚血性心疾患４４６０人、脳卒中８０１０人、乳幼児突然死症候群（ＳＩＤＳ）70人となっている。

内外のこれらの調査報告を基に、健康増進法が制定され、さらに受動喫煙対策が進められているのである。これらの社会の動向に、医学専門家の医師の関心が薄いというのは恥ずべきことで猛省を促したい。

医師がニコチン依存症の患者などというのは、アメリカやヨーロッパの医師ではあり得ない。「喫煙する医師は医師失格」というのは世界の常識である。

第４章　大麻取締法とたばこ事業法の大矛盾

アンドリュー・Ｔ・ワイル氏（当時ハーバード大学研究員）は、その論説「マリファナ取締法の非現実性」（１９７９年６月４日付『毎日新聞』）において、「医学上の危険は小さく、法律上の危険が大きい」とし、「マリファナは最も安全な薬物の一つで、その毒性はアルコールやタバコよりはるかに低い」と論じている。

大麻について、オランダでは１９７６（昭和51）年に薬物法を改正し、ヘロインやコカインなどの麻薬と大麻を区別し、18歳以上の30グラム未満の大麻所持は訴追されないものとされた（２００１年３月27日付『朝日新聞』）。仄聞するところによれば、フランスでは、１９９９（平成11）年、大麻の個人使用は訴追しない方針を政府が発表している。イギリスでは、少量使用は、警告又は罰金刑にとどめていると伝えられている。カナダでは、「少量所持罰金のみ」の法案が提出されたことが17年ほど前に報じられた（２００３年7月2日付『読売新聞』）。

Ⅰ　日本における大麻とたばこ

１　厳しい大麻規制

大麻取締法違反（所持）容疑で逮捕された俳優の伊勢谷友介氏が、２０２０年10月1日、処分保留で釈放されたことが報じられた。数年前には、同じ大麻取締法違反（所持）容疑で逮捕され、処分保留で釈放された元幕内力士の若ノ鵬のことが報じられた。その他、大麻取締法違反容疑で逮捕された映画俳優やミュージシャンなどは枚挙にいとまがないほど多くの事例がある。井上陽水氏は１９７７（昭和52）年、長渕剛氏は１９９５（平成7）年、カルーセル麻紀氏は２００１（平成13）年、いずれも大麻所持容疑で、当時逮捕されている。

２０２１（令和3）年4月8日、警察庁は、２０２０年の大麻事件の摘発者数が、前年比７１３人増の５０３４人で過去最多を更新したと発表した（２０２１年4月8日付『東京新聞』）。

２　喫煙奨励のたばこ

ところで、大麻譲渡に関する長野地裁伊那支部の１９８７（昭和62）年５月30日判決において、平温真人裁判長は、「刑事責任は、行為の違法性と合理的な均衡を保たれるべきであり、右観点からは、少量の大麻を私的な休息の場で使用し、かつその影響が現実に社会生活上害を生じなかった場合に懲役刑をもって臨むことに果たしてどれほどの合理性があるかは疑問なしとせず、少なくとも立法論としては再検討の余地があると解される」とし、「アルコールやニコチンタバコに比べて、大麻の規制は著しく厳しい」と、異例の見解を示している。

元最高裁判所調査官の瀬木比呂志氏（明治大学法科大学院教授）が、その著『絶望の裁判所』（講談社）の中で、国民の権利と自由を守らない日本の裁判所を厳しく批判しているが、今から34年前には、右記のように正論に基づく判決を勇敢に言い渡した裁判官もいたのである。

２０１６（平成28）年８月に厚生労働省「喫煙の健康影響に関する検討会」の報告書（通称「たばこ白書」）が15年ぶりに改訂された。第２章「たばこの健康影響」の冒頭に掲げられている要約から抜粋して紹介する。

喫煙に起因する年間死亡数は、日本では、能動喫煙によって約13万人、受動喫煙によって約1万5000人（肺がん、虚血性心疾患及び脳卒中による死亡）と推計されている。たばこの健康影響について、本報告書では、疫学研究などの科学的知見を系統的にレビューし、一致性、強固性、時間的前後関係、生物学的な機序、量反応関係、禁煙後のリスク減少の有無などを総合的に吟味したうえで、たばこと疾患等との因果関係を以下の４段階で判定している。

レベル１：科学的証拠は、因果関係を推定するのに十分である。
レベル２：科学的証拠は、因果関係を示唆しているが十分ではない。
レベル３：科学的証拠は、因果関係の有無を推定するのに不十分である。
レベル４：科学的証拠は、因果関係がないことを示唆している。

その結果、日本人における喫煙者本人への影響として、喫煙との関連について、「科学的証拠は、因果関係を推定するのに十分である」（レベル１）とされている。さらに、受動喫煙との関連について、能動喫煙と同じ「科学的証拠は、因果関係を推定するのに十分である」（レベル１）と判定された。その疾患等は、成人の慢性疾患では、肺がん、虚血性心疾患、および脳卒中であった。そして小児の受動喫煙による影響は、喘息の既往、および乳幼児突然死症候群（ＳＩＤＳ）であった、と報告されている。

Ⅱ　まやかしのたばこ事業法

わが国においては、たばこ事業法が「我が国たばこ産業の健全な発展を図り、もって財政収入の安定的確保及び国民経済の健全な発展に資することを目的とする」（第1条）と定め、喫煙の消費が奨励されてさえいる。喫煙を原因とする超過死亡数の疫学的調査報告などお構いなしの、目先の経済的利益を得ようなどというのであるから、国の方針としては、根本的に政治の最悪の選択と言わざるを得ない。国民の健康と命を犠牲にしての〝たばこ産業の健全な発展〟などありえない。このようなまやかしの政策は、速やかに改められるべきである。

福田康夫元総理が、「官僚が官邸の顔色を見て仕事　国家の破滅に近づいている」と安倍政権を厳しく批判したことが報じられた（2017年8月3日付『東京新聞』）。氏は、「官邸の言うことを聞こうと、忖度以上のことをしようとして、すり寄る人もいる。能力のない人が偉くなっており、むちゃくちゃだ」と手厳しく指摘している。官僚が、政治家の動向に忖度して言うべきことも言えない、などという昨今の憂うべき状況は、速やかに改善されなければならない。有能で心ある官僚が、政策決定に直言することができるような政治状況を一日も早く確立したいものである。

大麻の有害性については、右記喫煙の有毒・有害の被害の大きさ、深刻さと比較して、ほとんど問題にするほどでないという専門家の指摘、それを受けての国際的動向をみるにつけ、わが大麻取締法の厳罰（所持、譲受、譲渡は5年以下の懲役（24条の2））と喫煙奨励のたばこ事業法との大きな矛盾は、この機会に改められるべきことを強く訴える。「たばこ事業法」は速やかに廃案にして、真の意味で国民の健康と生命を大事にする国家の方針を打ち出すべき時と考える。

第５章　米国たばこ会社の敗北と日本の将来展望

＊『自由と正義（Vol.47）』、１９９６年の拙稿を加筆修正した

Ⅰ　米国たばこ集団訴訟とたばこ会社の歴史的敗北

１　反たばこ包囲網

アメリカでは、１９９６（平成８）年３月、元喫煙者らが喫煙によって肺がんなどの健康被害を受けたとしてたばこ会社を訴えたＰＬ訴訟で、原告側が全面的に勝利する内容の歴史的和解が成立した。アメリカでは、１９５４（昭和29）年以降３００件以上もたばこ製造物責任訴訟が提起されたが、史上初めてたばこ会社が大きく敗北することになった。その後、各州はたばこ会社を相手に、たばこが原因で健康を害した住民に支払った医療費の返還を求める訴訟を相次いで提起した。禁煙運動に熱心な米国医師会は「たばこ産業での金もうけはやめよう」と、投資家に株式の売却を呼びか

けたと伝えられた（１９９6年5月28日付『朝日新聞』）。

２　カスタノ訴訟と史上初めての原告側の和解

喫煙者の夫を肺がんで亡くしたダイアン・カスタノらが、フィリップ・モリス社などたばこ会社10社とたばこ協会を被告としてニューオーリンズ連邦地方裁判所に損害賠償を請求した裁判（カスタノ訴訟）で、１９９６（平成８）年3月13日、被告たばこ会社のうちリゲット・グループが原告側と和解し、25年間にわたって、毎年税引前利益の５％（上限５０００万ドル、約52億円）をルイジアナ州の禁煙支援活動に拠出することになった。

裁判の中で、原告側は、各たばこ会社がニコチンの中毒性を隠し、不正にニコチンの含有量を水増しして、「喫煙者を確保」してきたと厳しく追及した。これに対し、被告たばこ会社はいずれも否定したが、リゲット・グループの和解応諾により一枚岩で徹底抗戦してきた米たばこ業界にひび割れが生じ、たばこ業界に衝撃を与えた。この集団訴訟で、フィリップ・モリスなどの被告たばこ会社は和解に応ずる姿勢を見せず、当時、徹底抗戦の方針が伝えられた（拙稿「米国メーカーの歴史的敗北」『エコノミスト』、１９９６年４月23日号)。

リゲット社側は、今回の和解で、「年少者がたばこを買わないよう広告に漫画の主人公を使うのをやめ、試供品も配らない」との条項にも合意した。

３　もう一つの譲歩的和解

米国では、同時期、フロリダ、ミシシッピー、ミネソタ州など６つの州政府が、「医療費負担が増えて、州財政が悪化した」としてたばこメーカー十数社を訴え、法的責任を追及した。リゲット・グループはこれらの裁判でもミネソタ州を除く他の５つの州政府とも和解し、25年間に渡り、５つの州の医療扶助の財源として毎年税引前利益の２・５％を拠出するなどとする和解案に合意した。これらリゲット・グループの思い切った和解作戦は、たばこ会社が想像以上に追い詰められていることを示した。

４　リゲット・グループを追い込んだ１９８８年当時のチポローン事件

この時の和解は、リゲット・グループの生き残りをかけた思い切った政治的判断であったとも受け取れる。ただし、この歴史的出来事は突然やってきたのではなく、実は前兆となるべき裁判が１９８８（昭和63）年に起こっていたのである。

肺がんに罹患したローズ・チポローン夫人とその夫が、肺がんにかかったのはたばこが原因として、同じリゲット・グループに対したばこ製造物責任訴訟を提起したのに対し、ニュージャージー州の裁判所陪審は、チポローンに対する40万ドルの損害賠償金の支払いを認める評決を下した（Tobacco Products Litigation Reporter, Volume3, Number2, p5-6(published by TPLP, Inc.Box1162, Back bay Annex, MA)。

アメリカのたばこのパッケージには、「喫煙は肺がん、心臓病、肺気腫の原因となり、妊娠合併症を引き起こす可能性があります」とか、「妊婦に喫煙は胎児障害、早産、低体重児をもたらす可能性がある」などと４種類の具体的な有害表示が書かれていた。アメリカの場合、たばこパッケージの「警告表示」は、１９６６（昭和41）年以降法的に義務付けられている。そこで、これまでの裁判で、被告たばこ会社は、１９６６（昭和41）年以前はたばこの有害性は明らかではなかったなどと抗弁を出していた。しかし、チポローン事件で、このたばこ会社の抗弁がたばこ会社自身の資料によって否定されることになったのである。

筆者は、この評決の後、ニュージャージー州に飛び、チポローン事件のＭ・エデル主任弁護士と会見した。エデル弁護士によれば、裁判所による証拠開示（discovery）の結果、たばこ会社が所有していた喫煙の有害性を証明する沢山の資料が法廷に提出されることになった。例えば、その中の一つ、たばこ会社のコンサルタントからリゲット社のために用意された報告書によると、「紙巻きたばこの中には、①がんの原因となり（cancer causing）、②がんを促進し（cancer promoting）、③毒性を有し（poisonous）、④刺激的で快楽をもたらし（stimulating, pleasurable and flavorful）、香りのよい生物学的な活動物質が存在する」と明言されていた。エデル弁護士は筆者に対し、たばこ会社はこれから喫煙とがんとの関係を否定できなくなったと思うと語っていた（拙稿「たばこ会社の法的責任」『法学セミナー』、４１２号）。

こうしたチポローン事件の原告側勝利評決が、リゲット・グループの「歴史的和解」の背景事情としてある。

Ⅱ　日本のたばこ事情

１　「たかがたばこ」のすごい中身

喫煙者は喫煙の有害性の話になると、「たかがたばこ」にそう目くじらたてなくてもなどと言う。ところが、その「たかがたばこ」なるものがとんでもない商品であり、生命や健康に深刻な影響を与える毒物であることが証明されてきている。

大阪成人病センターの佐藤武男博士は、博士が治療した喉頭がん患者１５０９人中の喫煙者率が97・３％であったと報告している。さらに声門上部がんでは７３６名中７３１名が喫煙者であったという（佐藤武男『咽頭癌――その基礎と臨床』金原出版）。一般の喫煙者が、この恐るべきデータを知っていて喫煙しているとはとても思えない。

しかもこのデータは、喫煙と喉頭がんとの関係についての数字だけである。喫煙に関わる病気は、このほか、肺がんをはじめとするすべてのがん、肺気腫、心臓病、心筋梗塞、胃潰瘍など各種の病気に関わることが、国際的規模での医学専門家による動物実験や疫学調査により明らかにされている。

２「早期発見・早期治療」路線の誤り

近藤誠医師は、その著『患者よ、がんと闘うな』（文藝春秋）の中の「がん検診を拒否せよ」（第8章）の中で、「早期発見が有効という証拠はどこにもない。むしろ内視鏡での感染や医療被曝による発がんの方が問題だ」として、肺がん検診の有効性を否定している（１６４頁以下、１７１頁）。

筆者は、１９８５（昭和60）年7月、アメリカたばこ事情調査団の一員としてミネソタ、ニューヨーク、ワシントン、サンフランシスコなどを歴訪し、各地の大学医学部、がん協会、アメリカ連邦政府、保険会社などの担当者と会い、それぞれの喫煙対策等について調査した。その際、がん検診などはアメリカではすでに１９７０年代から廃止の方向が決定的だったとのことである。がん検診で肺がんを見つけることは至難であり、仮に運よく発見できても、本物の肺がんならほとんど延命できないからである。ではどうしたかと言えば、一次予防としての「禁煙」に全米で力を注いだのであった（拙稿「アメリカたばこ事情調査レポート」、たばこ問題情報センター）。

さて、日本はどうかといえば、中曽根内閣の時代から、対がん十か年計画と称して「早期発見・早期治療」路線をひた走ってきているのであり、今日もその路線を歩み続けている。

3　ヘルムズ上院議員の政治的圧力

一つ政治的裏取引の例を紹介しておきたい。アメリカのタカ派の政治家として知られたジェシー・ヘルムズ上院議員が、1986（昭和61）年7月24日、当時の中曽根首相に親書を送り、アメリカたばこの日本でのシェア拡大を迫っていたことが判明した。在日アメリカ大使館から国務省に打電されたテレグラムのコピーが、アメリカのマサチューセッツ州公衆衛生局のG・コノリー博士から、日本の反喫煙の市民運動関係者に送られてきたものである（「嫌煙権だより（No.23）」）。

その要旨は次の通りである。

「私は、閣下が合衆国の紙巻きたばこが日本の市場で特定のシェアを持てるようになる予定表を設定するため、はっきりした約束をなさるよう強く求めます。私は、これから18か月以内に20％という目標を提案したいと思います。閣下が米国の紙巻きたばこのために、日本市場のシェアをめざすよう約束してくだされば、建設的な交渉の舞台を設定することになるでしょう」などとなっている。かくして、その後の我が国のたばこの関税撤廃やアメリカたばこのテレビＣＭが激化された真相が理解できる。

当時、アメリカたばこの日本でのシェアが２％を切っていたのであるが、翌１９８７（昭和62）年度のそれは９％を超え、１９８８（昭和63）年度は二桁台に急上昇していった。ヘルムズ議員の影響力絶大というべきか。日本は外圧に弱いと言われるが、哲学、見識のない政治屋の悪政のつけが国民にまわされるのであり、その代償はあまりに大きい。

４　テレビのたばこＣＭの禁止が世界中で日本とフィリピンが遅れた理由

アメリカでは、１９６４（昭和39）年、「衛生総監報告」により、喫煙とがんとの間の因果関係があるとされ、１９６５（昭和40）年からたばこのパッケージに「有害表示」が義務づけられることになった。そしてジョン・バンザフ弁護士らの闘いの結果、１９７１（昭和41）年から、テレビ、ラジオなどの電波媒体でのたばこＣＭが法的に禁止されたのである。

１９９６年当時、世界中でテレビのたばこＣＭを流している国は日本とフィリピンだけであった。当時、日本のたばこには有害表示はまったくなされていなかった。例えば、アメリカのたばこには「喫煙は肺がんの原因になります」と表示されていたが、その同じたばこが日本に輸入されるとその有害表示が消され、「あなたの健康を損なうおそれがありますから吸いすぎに注意しましょう」とされた。既に、カナダのたばこ有害表示には、パッケージの３分の１のスペースに次のように印刷されていた。そのいくつかを紹介する。

（１）喫煙はあなたを殺します（Smoking can kill you.）
（２）喫煙はがんの原因となります（Cigarettes cause cancer.）
（３）たばこの煙は非喫煙者の致命的な肺の病気の原因になります（Tobacco smoke causes fatal lung diseases in non-smokers.）
（４）たばこには中毒性があります（Cigarettes are addictive.）
（５）妊娠中の喫煙は赤ちゃんを傷つけます（Smoking during pregnancy can harm your baby.）

これが世界のレベルであった。先のアメリカたばこの輸入と有害表示の日本での削除の問題を考えると、日本の消費者が蔑ろにされてきたのである。しかし肝心の喫煙者の多くはまったく無関心であり、「たかがたばこの問題」という感覚のままであった。厚生行政の動きも活発とは言えなかった。日本特有の超楽観主義とでも言うべきか、怒りを通り越して苦笑を禁じ得ない。

5　オウム信者と喫煙者の共通性

オウム事件において、信者たちの徹底的に外部の情報を遮断する姿が連日テレビ、新聞に報道され、いかにも特殊な宗教団体の異様な姿として報じられた。しかし、情報を遮断する姿は喫煙者にも共通して見える傾向であり、オウムを笑えないのではないか。環境問題などの論客がヘビースモーカーの場合、喫煙の害などに話題が及ぶと、突然メチャクチャなことを言い出すという例は、決して珍しくない。「太く短くが俺の人生で結構」、「ヘビースモーカーでも90歳まで生きる者もいる」などと言い出す始末で、それまでの論理的思考をかなぐり捨てて恥じないという学者、弁護士はいくらでも存在する。これらは、ニコチンという薬物にマインドコントロールされた、麻薬中毒患者そのものという感じすらしないでもない。

10階のビルから落ちても擦り傷で助かるというケースもある。だから10階のビルから飛び降りても安心だ、と言うだろうか。また高速道路を歩いても、車にぶつからずに目的地まで行けるかもしれない。たまたまそのようなことがあっても、だから高速道路を歩いても大丈夫などと言う馬鹿者はいまい。

まず、情報を得よう。喫煙の有害性については、たばこ拡販政策を進めるたばこ産業や財務省はその正しい情報を隠蔽し、消費者に提供していないことを知らなければならない。情報のないところに、真の選択は存在しないはずである。「俺の勝手だ、余計なお世話だ」と開き直っている喫煙者には、特に申し上げるつもりはない。自殺する自由もあるのだから、「どうぞご自由に」ということでよいであろう。「但し、その有害な煙を周囲にまき散らさないでもらいたい」ということは申し上げておきたい。

問題なのは、喫煙習慣がついてしまったことを後悔し、禁煙願望を持ちながらもやめられないでいるヘビースモーカーたちである。

Ⅲ　人権としての嫌煙権

1　市民運動

我々は、１９７８（昭和53）年2月18日、嫌煙権の市民運動を旗揚げした。その新しい反喫煙の波は、その後全国に広がっていった。

嫌煙権の市民運動が提起したのは、受動喫煙の有害性から非喫煙者の人権を守ろうとする権利主張であった。喫煙者の喫煙する自由を前提にして、喫煙者の煙害によって非喫煙者の生命や健康が害されないように、公共の場所や職場などの共有の生活空間での喫煙規制を社会的、制度的に確立しようというものであった（拙著『嫌煙権を考える』第3章「嫌煙権とは何か」、岩波新書）。確認しておきたいことは、嫌煙権運動は喫煙者を個人的にやり込める運動ではないということである。この点については最近でこそ随分誤解が少なくなったが、運動の当初は喫煙者の側からのエキセントリックな反応が繰りかえされた。

２　たばこ迷惑論から人権の問題へ

当時、マスコミの論調の多くは、たばこ迷惑論であった。実は、この迷惑論は、正解を１００点とすると、せいぜい50点である。他人のたばこの煙が「はた迷惑」なのはその通りである。しかし、受動喫煙の害は、迷惑などといった次元の問題ではないのである。例えば、１９９３（平成５）年1月7日、米環境保護局（ＥＰＡ）は、受動喫煙の影響について4年がかりの調査の結果、「受動喫煙の原因による全米の肺がん死亡者は年間３０００人以上に上り、たばこは第1級の発がん物質である」とするリポートを発表した。右報告は、米国、日本など各国の約30の研究を比較検討してまとめられたものである（１９９３年1月8日付『読売新聞』）。

今、筆者の手元に、日本の厚生省がまとめた「喫煙と健康問題に関する報告書」（通称「たばこ白書」、１９９３年版）がある。この報告書は、夫が喫煙する非喫煙の妻の肺がんの相対危険度についての各国の疫学調査報告や受動喫煙者と非受動喫煙者（いずれも非喫煙者）の慢性呼吸器症状出現率についての研究、幼児・学童・生徒の呼吸器症状と受動喫煙との関係などについて詳細な報告をまとめたものであった。

3　赤ちゃんの突然死も

ここにショッキングなリポートがある。それまで元気だった赤ちゃんが、ある日突然死ぬという「ポックリ死」は原因不明とされることが多い。この赤ちゃんの突然死と母親の喫煙との関係について、ワシントン大学小児科センターのＡ・Ｂバーグマン博士らの調査がある。また、赤ちゃん6万人を追跡調査したペンシルベニア州立医大のＲ・Ｌ・ナイ博士の調査もある。いずれも母親の１日の喫煙量が多くなるほど赤ちゃんの突然死が増加しており、その関係は、統計的に有為であると警告している（１９77年7月18日付『朝日新聞』）。

このように見てくると、受動喫煙から非喫煙者の生命や健康を守るという視点は、まさに人権問題そのものということにならなければおかしい。「たばこ迷惑」論が不十分なのはそのためである。

Ⅳ　将来展望

1　嫌煙権訴訟提起から16年目の逆転

１９９６（平成８）年４月から、新幹線の禁煙車両率が60％を超えることになり、ついに逆転した。嫌煙権訴訟を提起した１９８０（昭和55）年４月の当時、新幹線こだま号の16号車のほかには、全国の中・長距離列車には１両の禁煙車両もなかった。その後の公共交通機関の喫煙規制の動向を見るとき、この嫌煙権訴訟の与えた影響は少なくない。

2　元凶はたばこ事業法

専売制から日本たばこ産業へ移行するとき、たばこ事業法が制定された。その第１条によれば、「我が国たばこ産業の健全な発展を図り、もって財政収入の安定的確保及び国民経済の健全な発展に資することを目的とする」と定めている。要するに国民の健康破壊などはどうでもよく、どんどんたばこを売って、財政収入に役立たせようというのである。国民の公衆衛生をあずかる厚生省が財務省から押さえ込まれているのは、このたばこ事業法にあると考えている。たばこ事業法が廃止されない限り、日本の喫煙規制は、世界の潮流からひとり取り残されるであろう。

第６章　板子文夫氏の「禁煙アパート」訪問記

＊『禁煙ジャーナル（№３０６～３０８）』連載の拙稿を加筆修正した

Ⅰ　禁煙アパート

１　堂々とした「禁煙宣言」のアパート

ＪＲ東日本の小山駅の元職員であった板子文夫氏が、職場の受動喫煙に苦しみ、１９９０（平成２）年に職場の禁煙化を求めて提訴し、小山駅の喫煙規制を内容とする裁判上の和解を勝ち取っている。

筆者は、板子氏が、２０１０（平成22）年当時、自宅跡地に「禁煙アパート」を建てた事は、知人達から聞いて知っていた。しかし、実際に現地に行ってみて驚いた。半端でない堂々とした禁煙宣言が、あちこちの外壁に所狭しとアピールされている。

その後、板子氏が、２棟目・３棟目・４棟目と、次々に「禁煙アパート」を建てた、との情報に接していたので、どのようなアパートなのか、この目で確認したいと楽しみにしていた。

２０１８（平成30）年夏頃、なんと5棟目の「禁煙アパート」を建築中と聞き、そのスピードの速さに大変驚いた。そこで、一度見学させていただこうと思い立ち、２０１８年10月下旬に、板子氏宅を訪問した。

２　「敷地内禁煙」の大きな表示

ＪＲの宇都宮線で上野駅から約1時間10分、小金井駅に着くと、板子氏ご夫婦が駅まで出向いて下さった。車で、駅西側の国道4号線を南に約２㎞、小山市北部の羽川地区に、「敷地内禁煙」の大きな表示がある建物がすぐ目に付いた。

板子氏の1棟目の禁煙アパート「ヘルシーホーム（2階建・10世帯）」とのお話だった。周囲のフェンスと駐車場には禁煙の看板（1メートル×2メートル）が3か所あり、堂々とハッキリと〝禁煙・タバコは吸えない〟と表示してあるではないか。いかにも板子氏らしいパーフォーマンスで圧倒された。

次に、1棟目の南西約30ｍに、3棟目の禁煙アパート「ヘルシーホーム the 3rd

直径1・5メートルの禁煙マークの路面表示と、〃タバコは吸えません〃の看板（1メートル×2メートル）、そして駐車場には〃敷地内禁煙〃の大きな看板（1メートル×5メートル）があった。

板子氏宅から北西約15キロメートル、車で約25分、栃木市平柳町に、9月末に完成したばかりという5棟目の禁煙アパート「ヘルシーホーム the 5th（2階建・8世帯）」を訪ねた。この the 5th にも東西2か所の出入口に、直径1・5メートルの禁煙マークの路面表示があり、フェンス内側の2か所に「敷地内禁煙」の看板（0・8メートル×4メートル）と、外側にも2か所〃タバコは吸えない〃の看板（1メートル×2メートル）がある。

これら3か所の禁煙アパートを見学したが、どのアパートも禁煙・禁煙・禁煙……と表示してあるので、「マナーのよくない喫煙者でも、さすがにここではタバコは吸えないでしょう」と板子氏は胸を張っておられた。

３　禁煙アパートの発想の動機と決断

板子氏に「禁煙アパート」の建築の目的を聞いてみた。氏は、ＪＲの職員時代、約11年間は社宅（５階建・30世帯）に住んでいたが、職場の受動喫煙のほか、社宅住人の受動喫煙に苦しんだとのことだ。ただ、家族のことを思うと会社でトラブルになるのは、との思いにかられて、ずっと我慢していたとのことだった。

板子氏は、ご自身の経験から、禁煙社会を目指すには、アパートやマンション等の集合住宅の禁煙化を進めるべきとの確信になったとのことだ。

幸い、禁煙アパートを建てた１棟目が大成功だったとのことで、禁煙アパートを増やしていこうと心に決めたそうだ。

実は、板子氏は呼吸器が弱く、職場の受動喫煙に苦しみ、在籍当時、毎日のように〝退職〟ばかり考えていたのだそうだ。しかし、タバコに負けては後悔すると思い、逆に喫煙野放しのＪＲ東と闘おうと決心したものの、資力に不安があったため、職場を追われたときのことを考えて、計画的にいろいろ実行されたそうだ。

Ⅱ　インタビューが3時間に及んだ板子氏の壮絶な人間模様

1　一貫した社会環境改善と禁煙に掛ける心意気

２００８（平成20）年、国道沿いのご自宅が、車の往来が激しく騒音等で住環境が悪化したため、約１００メートル西に自宅を新築しようと、旧自宅の解体を始めたところ、大手だけでなく中堅のハウスメーカー数社の営業担当の方が訪れてきて、「跡地にアパートを建てませんか」と言われたそうだ。板子氏も奥様も跡地（4号線沿いの角地・約１４００平方メートル・４３０坪）には、眼科や産婦人科の病院用地として貸すつもりだったとのことで、すべての申出を断り続けたとのことだ。板子氏が、長年の禁煙運動家であることを表明し、「入居者も来客も喫煙できない、１００％「禁煙アパート」なら建てても良い」という話をすると、彼らは、少し驚き、呆気にとられた様子が伝わってきたとのことだ。

当時は、男性の約4割は喫煙者だったので、禁煙アパートでは入居率も下がり経営上難しく、各メーカーも渋々諦める、と内心では思っていたと、当時の心境を語ってくれた。世の中は、少子高齢化とアパートの供給過剰で、アパートはあちこち空室だらけなので、「禁煙アパート」の話をすれば、メーカーの営業担当の方も撤退すると思っていたとのことだ。

ところが数日後には、ほとんどのメーカーが、「禁煙アパートでよろしいです。30年間家賃を保証します、*銀行も建築費の全額（約１億円）融資を確約していますので、ぜひ当社にお願いします」と言ってこられたそうだ。板子氏は、断るつもりとはいえ、「禁煙アパートなら」と言った手前、引き下がれなくなってしまったとか。そこで、家賃保証なら、との条件で、メーカー営業担当者の提案を受け入れることにしたと苦笑しておられた。

＊

30年間家賃保証：サブリース方式又は一括借上方式とも言われ、ハウスメーカーの管理会社が、30年間入居者募集・家賃徴収・退去手続・屋外清掃等の一切の業務を、家賃の１割で請け負う。そして所有者には30年間家賃の９割を入居率にかかわらず支払うという方式。但し、15年～20年経つと、家賃が下がる場合があるが、９割は保証される。

２　禁煙アパートを成功させるための４つの鍵

板子氏は、「禁煙アパート」を成功させるための４つのポイントを強調しています。

（１）目的と信念

「禁煙アパート」経営のためには、非喫煙の居住者に快適で安全な住居を提供するという経営理念が大切。

（２）入居者に喜ばれる設備を付ける

Wi-Fi設備、ＩＨクッキングヒーター、宅配ボックスの他、物置等居住者の便宜のための有用な設備の提供。

（３）良い土地の選択

日当たりが良く、広い敷地（35坪／世帯以上）、道路幅が5メートル以上、そして何より静寂な場所等、建設地の選択がポイント。

（４）ハウスメーカーの選択

知名度や信用力のあるハウスメーカーの施工・管理会社を選ぶこと。

3　ついに、禁煙アパート5棟建てることに成功

板子氏は、初めての「禁煙アパート」を建築して約8年後、ついに5棟も建築することに成功した。2棟目〜4棟目の3棟は、屋根の上に約20キロワットの太陽光発電設備を設置し、各々売電収入が年間100万円にもなるとのことだ。4棟全体の入居率は、常時約90％とのことで、一般のアパートと比較すると、人気度は抜群であることがわかる。

板子氏は、1棟平均約390坪のアパート用地を4か所取得しているが、各々坪・5〜10万円（平均坪8万円）とのこと。アパート用地390坪として、約3100万円（8万円／坪×390坪）という計算になる。

板子氏によれば、用地を取得し、屋根に太陽光発電設備の「禁煙アパート」を建てれば、家賃と売電収入によって、純利益は年間250万円になるとのことで、自信のほどを語ってくれた。

Ⅲ　立ち遅れている集合住宅の喫煙規制

私たちが反喫煙の市民運動を旗揚げして約43年になるが、当時の喫煙野放しのひどい状況と比較すると、交通機関、公共機関、教育現場、病院等の喫煙規制を社会的に定着させることに成功したと思う。しかし、各個人の家庭の喫煙、特に集合住宅の喫煙規制はほとんど進展していない。

改正健康増進法は、当初の厚生省案が大幅に骨抜きにされたことはよく知られている。その後成立した東京都の受動喫煙防止条例は、例えば、飲食店の喫煙規制対象を83・7％とする画期的内容となっている。しかし、アパートやマンション等の集合住宅の喫煙規制は、現在までほとんど手つかずの状況と思われる。板子氏は、今後、１棟でも多く「禁煙アパート」の建設が進むことを期待したいと熱く語ってくれた。

２０１８年当時、ある会合で東京都議の岡本光樹弁護士が、禁煙アパートなど集合住宅の完全禁煙化を推進したいとの報告をしておられた。良い機会だったので、板子氏の禁煙アパート建設のことを紹介した。今後、この方面の取り組みが社会的に大きく前進することを期待したいと思う。

あとがき

本書執筆中の2020（令和2）年12月5日、元死刑囚の免田栄氏が死去した。1948（昭和23）年、熊本市で一家4人が殺傷された「免田事件」で死刑が確定し、1983（昭和58）年に死刑囚としては初めて再審無罪になった免田氏であったが、老衰のため95歳で亡くなった。

また、米大統領選で落選したトランプ氏の想定外の法廷闘争などが連日テレビや新聞で報じられた。同じ時期に、安倍元首相の森友・加計学園問題や桜を見る会の不正疑惑が国会内外で、これまた連日報じられることになった。あるいは、黒川検事の定年延長問題がマスコミで大きく取り上げられた。黒川氏を次期検事総長にして、検察を懐柔し、疑惑の政治に蓋をしたいとの官邸の思惑が見え隠れしていて、目を覆いたくなるような光景を連日見せられることとなった。普通の市民感覚で見る限り、安倍氏の数々の不正疑惑への追及から逃れるために、黒川氏を次期検事総長にしようとの、安倍氏を取り巻く連中の腹黒い画策は、誰の目にも明らかであった。渦中の黒川氏の賭け麻雀発覚で、この茶番劇は幕を閉じたが、あまりの露骨な政治家トップの言動や官僚の忖度などの醜さに失望を感じたのは筆者だけではあるまい。

そこへ、今度は、日本学術会議会員6名の任命拒否問題が浮上した。日本学術会議は、１９４９（昭和24）年に、学者たちが太平洋戦争に動員されたことを反省して、「戦争を目的とする科学研究には絶対に従わない」という決意のもとに作られた。この会議は、学術会議側が、研究業績を評価して学術員候補者を推薦し、この推薦を受けて首相が任命する、というやり方で、この70年の歴史上、任命を拒否するということはなかった。菅首相による学術委員候補者１０５人のうち６名の任命拒否は、学問の自由の侵害と考える。

このような折、朗報が飛び込んできた。２０２１（令和３）年3月18日、11都府県の住民ら２２４人が原電に運転差し止めを求めた訴訟の判決で、水戸地裁の前田英子裁判長が、「東海第二原発の運転を認めず」の判決を言い渡し、その判決理由の中で、「実効性ある避難計画や防災体制が整えられているというにはほど遠い状態で、人格権侵害の具体的危険がある」と踏みこんだ判断をなしたのだ。

２０２１（令和３）年夏、オリンピック、パラリンピックが内外の多くの疑問や反対を押し切って強行されたが、東京だけでも一日4000人~5000人前後のコロナ感染者が連日報じられている。菅首相は「安心安全のオリンピック」などと嘯いているが、コロナ感染者は拡大の一途である。今後、オリンピックの後、コロナ禍は日本から全世界に蔓延するのではないか。後世、史上最悪のオリンピックと酷評されるとの識者の予測がなされているが、筆者も同感である。

本書は、筆者の44年間の弁護士活動を支えてくれた妻(中山民子、夫婦別姓)に対する感謝の意を込めて書き上げた。妻は、筆者の教養担当などというのが口癖で、新聞や雑誌のトピック記事をはじめ、注目の論説など、連日、筆者の机の上に置いて紹介してくれた。未熟な筆者を公私にわたって献身的にサポートしてくれた妻に本書を捧げたい。

また、本書は禁煙ジャーナル編集長の渡辺文学氏が花伝社平田社長に紹介して下さったことにより出版にいたったものである。本書の書名は、平田社長から直々に命名していただいた。花伝社スタッフの大澤茉実氏には、全体の構想、表紙の枠組み、目次など詳細にわたってお世話になった。執筆にあたっては、伊佐山総合法律事務所スタッフの小林陽子氏から、いろいろ有益なアドバイスをいただいた。関係者の皆様に心から感謝したい。

経歴・活動歴 ——非喫煙者の権利擁護のための闘いとともに

伊佐山総合法律事務所
〒160-0004　東京都新宿区四谷4-3 福屋ビル5階
TEL. 03-5919-7638

（現在）
東京弁護士会所属弁護士
「嫌煙権確立をめざす法律家の会」代表
日本禁煙学会名誉会員
日本法社会学会会員
自由法曹団団員

（その他の主な経歴）
ノースイースタン大学ロースクール客員研究員（2001年）
日弁連「少年法『改正』対策本部」幹事（元）
東京弁護士会「公害・環境特別委員会委員長（元）」
「第6回喫煙と健康世界会議」学術委員会委員
「嫌煙権訴訟」主任弁護士（1980年4月7日提訴・東京地方裁判所）
「たばこ病訴訟」主任弁護士（1998年5月15日提訴・東京地方裁判所）
米国・ニュージャージー「環境改善を求める市民連合」アドバイザー（元）
米国・ハーバード大学短期留学1988年

ボストン法律家会議出席
連盟賞ラジオ部門（関東甲信越静岡地区）審査員（1998年～2000年）

（主な著書）
中田喜直・渡辺文学編『嫌煙の時代』共著、波書房、1980年
『嫌煙権を考える』岩波新書、1983年
『さらば、たばこ社会』編著、合同出版、1987年
日本消費者連盟編『NOといわれる日本』共著、学陽書房、1990年
通木俊逸編『禁煙指導テキスト』共著、虹出版社、1995年
高橋利明・塚原英治編『ドキュメント現代訴訟』共著、日本評論社、1996年
『現代たばこ戦争』岩波新書、1999年
棚瀬孝雄編『たばこ訴訟の法社会学』共著、世界思想社、2000年
禁煙ジャーナル編『たばこ産業を裁く』共著、実践社、2000年
日弁連行政訴訟センター編『実例解説行政関係事件訴訟』共著、青林書院、2014年
『小学館百科事典』「嫌煙権」執筆

（海外渡航歴）
○ 1981年6月　世界消費者機構（IOCU）の国際会議、於オランダ・ハーグ（1981年7月18付『毎日新聞』に報告）
○ 1983年7月　第5回「喫煙と健康世界会議」、於カナダ・ウイニペグ（1983年7月27日付『朝日新聞』等に報告）
○ 1984年12月　世界消費者機構（IOCU）の国際会議、於タイ・

バンコク（1985年8月8日付『朝日新聞』に報告）
○ 1985年7月　米国たばこ事情調査（ミネソタ、ニューヨーク、ワシントン、サンフランシスコ、ロサンゼルス）
○ 1994年　第9回「喫煙と健康世界会議」、於パリ
○ 2001年7月　Northeastern University School of Law Tobacco Product Liability Project

（趣味）
○囲碁（7段）
全国法曹囲碁大会名人戦優勝（1992年度）
囲碁「次の一手」（ミルトス図書2012年）推薦者
2015年しんぶん赤旗囲碁大会「第52期杉並名人」
観戦記「小学館囲碁道場観戦記」執筆
○ピアノ
2017年第19回ショパン国際ピアノコンクール（in ASIA）東京大会、ショパニストS部門Bronze賞受賞（演奏曲：ショパン「ワルツ作品69の2」）
2018年1月「受賞者・参加者記念ガラコンサート」出演（大田区民ホール・アプリコ小ホール）
2018年第20回ショパン国際ピアノコンクール（in ASIA）東京大会、ショパニストS部門Bronze賞受賞
2018年第14回エリーゼのためにピアノコンクール奨励賞受賞（演奏曲：ベートーベン「ソナタ月光（第一楽章）」）
2018年9月「入賞記念コンサート」出演（港区高輪区民センター区民ホール）
2019年第10回ヨーロッパ国際ピアノコンクール（in Japan）

ファイナリスト（演奏曲：ショパン「ワルツ作品69の２」）

（主なメディア出演）

放送大学「裁判と市民生活」第５回「訴訟と政策形成」

衛星放送「プライムタイム」

NHK・BS ２「日めくりタイムトラベル」(2007年12月１日放送)

毎日放送「諸口あきらのイブニングレーダー」

「たばこホロコースト市民法廷」にてたばこ製造者の責任を問う刑事裁判劇で検察官役

NHK教育テレビ「お達者くらぶ」（曽野綾子女史と「嫌煙権」をめぐって対論）

（主な論文）

「青少年の喫煙防止教育に提言する」『月刊生徒指導』、1980年５月号

「嫌煙権の基本思想と行動」『法学セミナー』、1980年７月号

「非喫煙者の権利擁護は世界の潮流」『婦人新法』1983年11月号

「嫌煙権とはどういうことですかQ＆A」『月刊生徒指導』1984年８月号

「なぜ嫌煙『権』なのか」『判例タイムズ（No.556)』、1985年

「特集：消費者問題と消費者の権利」（「嫌煙権」の解説）『法と民主主義』、1985年198号

「なぜ嫌煙権訴訟をおこしたか」『婦人新法』、1985年４月号

「たばこと縁切り　キューピッチのアメリカ」1985年８月８日付『毎日新聞』

「人権としての嫌煙権」『ジュリスト（No.871）』、1986 年
「嫌煙権をめぐって」『法社会学』、1986 年 38 号
「嫌煙権をめぐって」『法社会学』、1986 年 38 号「権利の動態 1」
「嫌煙権判決と歴史の審判」『さらば、たばこ社会』、合同出版、1987 年
「嫌煙権訴訟の実務と市民運動」『判例タイムズ（Vol.644）』、1987 年
「座談：中田喜直・宮崎緑・伊佐山芳郎「たばこ公害を語る」（連載）」『法学セミナー』、1987 年 6 月号～ 7 月号
「健康権と嫌煙権」『婦人新法』、1988 年 5 月号
「たばこ会社の法的責任」『法学セミナー』、1989 年 4 月号
「たばこ会社の法的責任を問う米社会」1989 年 8 月 20 日付『朝日新聞』
「法律家をたずねて」『受験新法』、1989 年 11 月号
「健康を破壊するタバコ輸出」『ノーといわれる日本』、1990 年 7 月
「米国メーカー歴史的敗北　喫煙天国・日本も変わる」『週刊エコノミスト』、1996 年 4 月
「米国たばこ会社の敗北と日本の将来展望」『自由と正義（Vol.47）』、1996 年
「日本のテレビＣＭからたばこが消える日は近い」『週刊エコノミスト』、1997 年 7 月
「目前に迫ったたばこ病訴訟」『タバコ問題ペンくらぶ会報』、1998 年第 1 号
“The development tobacco litigation in Japan”, 2000 10, ILEGAL PUBS, ENGLAND

「たばこの害を隠蔽する商法を告発する」『月刊保団連』、2000年12月号
「医療従事者の喫煙を考える」『民医連医療』、2001年6月号
「公益訴訟の意欲は殺がれ、社会は閉塞する」『法と民主主義』、2003年2月号
「生き残りを諮るたばこ会社」『世界』、2008年1月号
「医師の誤診か誤導か」『いのちの田圃』、2008年1月
「東京地裁・職場受動喫煙訴訟で賠償命令判決」『SENKI』、2008年10月
「たばこ病訴訟と裁判官の責任」『日本の科学者』、2012年8月号
「たばこ病訴訟と裁判官の責任を考える」『法と民主主義』、2012年10月号
「受動喫煙は、子どもたちの命を危険に曝す“虐待”である！」『禁煙ジャーナル（No.302）』、2018年7・8月号
「板子文夫氏禁煙アパート訪問記（連載①）」『禁煙ジャーナル（No.306）』、2018年12月号
「嫌煙権をめぐる労働問題」『ビジネス実務法務』
「悪魔の商品」『ジュリスト（No.1133）』
「米たばこ会社42兆円の和解案を考える」『サインズ』
「テレビＣＭ中止だけでは不十分」『週刊法律新聞社』
「ワーストスモーカー首相の国、米国企業が遠慮した」『週刊エコノミスト』13号
「米国たばこ会社の敗北的和解を考える」『週刊法律新聞社』
「米国メーカー歴史的敗北」『週刊エコノミスト』
「ダイナミックな権利の形成と展開」『法学教室』

「反喫煙運動・アメリカと日本」『状況と主体』
「テレビ・ラジオのたばこＣＭは即時中止せよ」『放送レポート』
「裁かれる日本のたばこ病」『週刊金曜日』
「現地を訪ねて、米国たばこ会社敗北から三ヶ月」『毎日新聞』
「歴史の審判に耐え得ない東京地裁の判決」『法律新聞』
「人権侵害としてのたばこ公害」『月刊社会党（No.343）』
「人権侵害としてのたばこ公害」『地方自治ジャーナル』
「嫌煙権を考える（連載）」『青年運動』
「嫌煙権」『公害と対策』
「嫌煙法制定を急げ」『ジュリスト（No.805）』
「嫌煙権運動についての私たちの見解」『暮しと政治（No.280）』

（主な講演）
「嫌煙権訴訟をめぐって」（JA 研究会、1981 年 7 月）、『ジュリスト（No.745 ～ 746）』掲載
「生きる姿勢と喫煙」（都立豊多摩高校）、『月刊生徒指導』1983 年 9 月号掲載
「嫌煙権をめぐる法律的諸問題」、『NIRA 総合研究開発機構』1984 年 5 月号掲載
「愛とたばことアホウドリ」（愛知県立蟹江高校、1984 年 6 月）
「なぜ嫌煙権訴訟をおこしたか」、『婦人新法』1985 年 4 月号掲載
「自分の命は自分で守るということ」（恵比寿社会教育館、1988 年 5 月）
「インフォームド・コンセントの理論と実践」（東京衛生病院、2000 年 6 月）

「騙されるな！　たばこは毒の缶詰」(所沢西高校、2010年6月)
「たばこ病訴訟を通して、現代のたばこ問題を考える」(禁煙・分煙活動を推進する神奈川会議、2011年6月)
「特定商取引に関する法律違反による業務停止命令取消判決に関する報告」(日弁連行政訴訟委員会研究会、2012年11月)
「私の弁護活動のあれこれ――その基本姿勢は人間の尊さの実現」(東京衛生病院、2013年6月)
「日本のたばこ訴訟」(日本法社会学会シンポ)
「職場の喫煙対策のすすめ」(相模原労働センター)
「たばこ公害と公民館の喫煙規制について」
「さらば、たばこ社会」(川崎消費者センター)
「明日の暮らしを作る。」(川崎消費者センター)
「わが国の喫煙対策の問題点」(日本がん疫学研究会ワークショップ)
「嫌煙権訴訟判決をめぐって」(仙台弁護士会)
「世界に広がる反喫煙運動の輪」(蟹江高校)
「嫌煙権訴訟判決と日本の将来」(婦人情報センター)
「非喫煙者保護対策の現状と将来展望 (埼玉大学)
「たばこCM差し止めの法理と実践」(SDA会館)
「嫌煙権を考える」(禁煙教育夏期研修会)
「たばこと縁切り、急ピッチのアメリカ」(朝日新聞)
「喫煙防止教育について」(杉並区教育委員会)
「惜しみなく愛は紫煙を奪う」(早稲田大学)
「嫌煙権をめぐる緒問題」(日本法社会学会)
「職場の喫煙と労働者の安全衛生を考える」(神奈川水道公団)
「嫌煙権訴訟をめぐって」(日本基督教婦人矯風会)

「職場の喫煙と労働者の安全衛生」（神奈川県職労）
「世界に広がる反喫煙運動の新しい波」（禁煙教育をすすめる会）、『月刊生徒指導』掲載
「人間の尊さについて」（埼玉県立所沢高校）
「たばこ公害を考える」（東京弁護士会）

（「嫌煙権・法律家の会」と市民運動による非喫煙者の権利擁護のための成功例）
○ 1980 ～ 1987 年の嫌煙権訴訟（東京地裁）
新幹線、全国の中・長距離列車の禁煙車両新設・増設に成功（1987 年判決時、禁煙車両率約 30％）
○禁煙タクシーの法的認知
○航空機の分煙・禁煙
○公共の場所（JR・地下鉄等の駅構内）の禁煙
共同住宅の完全禁煙が今後の課題である。

伊佐山芳郎（いさやま・よしお）
1965年、中央大学法学部卒業。2001年、ノースイースタン大学ロースクール客員研究員。東京弁護士会所属。「嫌煙権確立をめざす法律家の会」を結成し、喫煙規制を呼びかける。1980年、国鉄・国・日本専売公社を相手に「嫌煙権訴訟」を起こす。列車・飛行機や公共施設などの禁煙分煙化、飲食店などの禁煙席設置を促すきっかけとなる。1998年に国と日本たばこ産業およびその歴代社長を相手に、たばこが原因による疾病に対する製造物責任を問う「たばこ病訴訟」（正式名称：たばこ病損害賠償等請求事件）を起こす。
2017年、第19回ショパン国際ピアノコンクール（in ASIA）東京大会ショパニストS部門Bronze賞、2018年第14回エリーゼのためにピアノコンクール奨励賞、2019年第10回ヨーロッパ国際ピアノコンクール（in Japan）ファイナリスト。
主な著書に、『嫌煙権を考える』（1983年、岩波新書）、『現代たばこ戦争』（1999年、岩波新書）、編著として『さらば、たばこ社会』（1987年、合同出版）、共著に『ドキュメント現代訴訟』（1996年、日本評論社）ほか多数。

人生、挑戦——嫌煙権弁護士の「逆転法廷」

2021年9月25日　初版第1刷発行

著者 ——伊佐山芳郎
発行者 —平田　勝
発行 ——花伝社
発売 ——共栄書房
〒101-0065　東京都千代田区西神田2-5-11出版輸送ビル2F
電話　03-3263-3813
FAX　03-3239-8272
E-mail　info@kadensha.net
URL　http://www.kadensha.net
振替 ——00140-6-59661
装幀 ——佐々木正見
印刷・製本—中央精版印刷株式会社

ISBN978-4-7634-0981-2 C0036